Milena Krais & Anka Rehbock

Unsere liebste Weihnachtszeit

Backen und Basteln mit der Familie

Mit Fotos von Silke Zander

Hölker Verlag

Inhalt

Vorwort

Advent mit der Familie – das bedeutet lange und besinnliche Nachmittage mit viel Zeit für kreative Ideen. Für dieses Buch haben wir unsere liebsten Back- und Bastelideen gesammelt, die euch die Vorfreude auf Weihnachten versüßen sollen. Wir haben uns ziemlich viele Gedanken darüber gemacht, welche Rezepte und Basteleien wir gemeinsam mit unseren Kindern umsetzen können, sodass alle Spaß haben. Dabei sind zahlreiche neue DIY-Ideen und leckere, einfache Rezepte entstanden, bei denen das Basteln bzw. Zubereiten für genauso viel Begeisterung sorgen wie das Naschen und anschließende Bestaunen der kleinen Kunstwerke. Die meisten unserer Bastelanleitungen können schon Kindergartenkinder mit etwas Hilfe gut umsetzen. Viele klassische Rezepte haben wir für Kinder neu gedacht – dabei dürfen bunte Zuckerperlen, Schokolade und pastellfarbiger Zuckerguss natürlich nicht fehlen.

In unserem Buch findet ihr zum Beispiel einen Adventskalender mit kleinen Botschaften für jeden Tag, ein Rezept für eine Trinkschokolade mit Marshmallow-Eisbären und eines für knusprige Brezelkränze mit Streuseln. Das Linzer-Torten-Rezept stammt von Milenas Mama Karina und ist seit über 30 Jahren der beliebteste Geburtstagskuchen bei allen Winter-Geburtstagskindern. Und auch das Schmalzgebäck hat seinen Ursprung im schwäbischen Rezept von Milenas Omi Ingrid.

Bei Anka zu Hause findet man immer ein Paket Modelliermasse. Im Buch zeigen wir euch gleich drei einfache Bastelideen mit diesem tollen Material. Und ab sofort solltet ihr jedes schöne Blatt, Eicheln und Äste beim Spazierengehen in die Tasche packen, denn diese Naturmaterialien könnt ihr für unsere weihnachtlichen Bastelideen gut gebrauchen. Da wir an Weihnachten am liebsten etwas Selbstgemachtes verschenken, haben wir uns extra viele Rezepte ausgedacht, die lange haltbar sind und schön verpackt unter dem Baum für Begeisterung sorgen.

Wir freuen uns sehr, dass ihr unser Buch, in das wir so viel Liebe, Kuchenteig und Bastelkleber gesteckt haben, in den Händen haltet. Ganz viel Spaß beim Backen und Basteln und eine gemütliche, kreative Winterzeit wünschen euch

Eure Anka & Milena

Zauberhafte Plätzchen und DIYs

für die Vorweihnachtszeit

Buttergebäck

mit bunter Puderzuckerglasur

Für ca. 40 Stück (je nach Größe)

Für den Teig:
300 g Dinkelmehl (Type 630)
100 g Zucker
160 g kalte Butter
1 Ei
1 Prise Salz
1 Prise gemahlene Vanille

Für die Glasur:
200 g Puderzucker
35 ml Zitronensaft
bunte Lebensmittelfarbe

Außerdem:
Mehl zum Arbeiten
Plätzchenausstecher

Für den Teig Mehl und Zucker in eine Schüssel geben. Die Butter klein würfeln und mit Ei, Salz und Vanille zugeben. Alles rasch zu einem krümeligen Teig verarbeiten. Den Teig zu einer Kugel formen, in Frischhaltefolie wickeln und mindestens 30 Minuten in den Kühlschrank stellen. Anschließend den Backofen auf 170 °C Umluft vorheizen und zwei Bleche mit Backpapier auslegen.

Den Teig auf der leicht bemehlten Arbeitsfläche 3–4 mm dick ausrollen und daraus mit Plätzchenausstechern oder frei Hand mit einem scharfen Messer kleine und größere Kekse ausstechen bzw. -schneiden. Die Plätzchen auf den Blechen verteilen und diese nacheinander für 8–12 Minuten in den heißen Ofen geben, bis die Plätzchen hellbraun gebacken sind.

Für die Glasur Puderzucker und Zitronensaft zu einem dicken Guss verrühren und mit Lebensmittelfarbe bunt einfärben. Die Glasur mit einem Pinsel auf die ausgekühlten Kekse auftragen und gut trocknen lassen.

SO GEHT'S EINFACHER:

Mit kleinen Kindern kann so ein Nachmittag mit Plätzchenbacken schnell anstrengend werden. Deshalb teilen wir die Arbeitsschritte gerne auf mehrere Tage auf: Am ersten Tag stellen wir den Teig her, am nächsten Tag wird gebacken und am dritten Tag verziert. Für das gleichmäßige Auftragen der Glasur benutzen wir richtige Malpinsel.

Vanillekipferl

& Vanillekipferl-Kugeln

Für ca. 50 Stück (je nach Größe)

1 Bio-Zitrone

200 g weiche Butter

75 g Zucker

2 Pck. Vanillezucker

1 Ei

180 g Weizenmehl (Type 550)

200 g gemahlene Mandeln

Außerdem:
Puderzucker zum Bestäuben

Die Zitrone heiß waschen, trocknen und die Schale fein abreiben. Die Frucht halbieren und 1 EL Saft auspressen.

Butter, Zucker und Vanillezucker in einer Schüssel mit dem Handrührgerät schaumig aufschlagen. Sobald sich der Zucker aufgelöst hat, das Ei unterrühren.

Mehl, Mandeln, Zitronensaft und -abrieb in die Schüssel geben und alles mit den Händen zu einem glatten Teig verkneten. Den Teig zu einer großen Rolle formen, in Frischhaltefolie wickeln und mindestens 1 Stunde in den Kühlschrank stellen. Anschließend den Backofen auf 180 °C Umluft vorheizen und zwei Bleche mit Backpapier auslegen.

Die Teigrolle in Scheiben schneiden und diese zu kleinen Kugeln rollen. Für Kipferl die Kugeln zu Rollen formen, bei denen beide Enden leicht spitz zulaufen. Die Kipferl zu Hörnchen biegen und mit den Kugeln auf die Bleche setzen. Die Bleche nacheinander für 10–13 Minuten in den heißen Ofen geben. Die Kipferl und Kugeln nach dem Auskühlen mit Puderzucker bestäuben.

SO GEHT'S EINFACHER:
Der Teig eignet sich super dafür, in kleine Stückchen geschnitten oder zu Kugeln gerollt zu werden, denn für kleine Kinder kann es herausfordernd sein, zarte Kipferl zu formen. Mit Puderzucker bestäubt sehen auch diese einfachen freien Formen schön weihnachtlich aus.

Terrassenplätzchen

mit Salzkaramell und Johannisbeerkonfitüre

Für ca. 30 Stück

Für das Salzkaramell:
250 g feinster Zucker
100 g Butter
170 ml Sahne
½ TL grobes Meersalz

Für den Teig:
200 g Dinkelmehl (Type 630)
100 g gemahlene Haselnusskerne
100 g Zucker
Abrieb von ½ Bio-Zitrone
200 g kalte Butter
2 Eigelb

Außerdem:
Mehl zum Arbeiten
Plätzchenausstecher (in verschiedenen Größen)
200 g Schwarze Johannisbeerkonfitüre (ohne Fruchtstückchen)
Puderzucker zum Bestäuben

Für das Salzkaramell den Zucker in einem Topf langsam erhitzen. Dabei nicht rühren, so schmilzt der Zucker gleichmäßig und brennt nicht an. Die Butter zugeben und mit einem Schneebesen unter Rühren schmelzen lassen. Anschließend die Sahne in die blubbernde Zuckermasse geben und alles so lange bei niedriger Temperatur verrühren, bis der Zucker wieder ganz geschmolzen und eine hellbraune homogene Karamellmasse entstanden ist. Den Topf vom Herd nehmen und das Salz einrühren. Das Salzkaramell in ein sauberes Schraubglas füllen und mit offenem Deckel vollständig auskühlen lassen.

Für den Teig Mehl, Nüsse, Zucker und Zitronenabrieb in einer Schüssel mischen. Die Butter in kleine Würfel schneiden, mit den Eigelben in die Schüssel geben und alles rasch verkneten. Den Teig zu einer Kugel formen, in Frischhaltefolie wickeln und 1 Stunde im Kühlschrank ruhen lassen. Den Backofen auf 180 °C Umluft vorheizen und zwei Bleche mit Backpapier auslegen.

Den Teig ca. 5 mm dick auf der mit Mehl bestäubten Arbeitsfläche ausrollen und daraus Plätzchen ausstechen. Aus der Hälfte der Plätzchen in der Mitte ein Loch ausstechen. Die Plätzchen auf den Blechen verteilen und diese nacheinander für 11–13 Minuten im heißen Ofen hellbraun backen. Auskühlen lassen. Anschließend die Plätzchen ohne Loch mit Konfitüre oder Salzkaramell bestreichen, die restlichen Plätzchen obenauf setzen und mit Puderzucker bestäuben.

UNSER TIPP:

Am besten gelingt der Mürbeteig in der Küchenmaschine oder mit dem Handrührgerät, denn so wird er beim Kneten nicht warm. Die übrigen Eiweiße könnt ihr super für die Makronen (s. S. 71) verwenden!

Hannah

Papiertüten-Häuser

Ihr benötigt:

- Blanko-Tüten aus Naturpapier (ca. 14 x 22 cm)
- weißen Lackstift
- kleines Stück Pappe
- Cuttermesser
- Folientüten (ca. 11,5 x 18,5 cm)
- Holzklammern
- Papieranhänger
- Band

So wird's gemacht:

1. Die Papiertüte am offenen Ende links und rechts nach hinten falten, sodass eine Dachform entsteht.

2. Dann auf der Vorderseite der Tüte mit dem Lackstift Fenster, Türen, Dachziegel etc. aufzeichnen.

3. In die Tüte eine Pappe legen und mit dem Cuttermesser Fenster und/oder Türen ausschneiden.

4. Die Pappe entnehmen und eine Folientüte in die Papiertüte legen.

5. Die Folientüten mit Plätzchen befüllen und die Papiertüten mit Holzklammern verschließen.

6. Wahlweise einen kleinen Gruß oder einen Namen auf einen Papieranhänger schreiben und mit einem Band anhängen.

Plätzchenrolle

Für ca. 50 Stück

250 g Margarine

150 g Zucker

1 TL Vanillepaste

400 g Dinkelmehl (Type 630)

2 Prisen Salz

2 TL Backpulver

Außerdem:
Zuckerstreusel, zerstoßene Bonbons und backfeste Zuckerperlen

Mehl zum Arbeiten

Margarine, Zucker und Vanillepaste in einer Schüssel mit dem Handrührgerät cremig schlagen. Mehl, Salz und Backpulver mischen und zugeben. Alles mit den Händen zu einem geschmeidigen Teig verkneten. Den Teig in drei gleich schwere Teile portionieren und jeweils in eine Teigportion Streusel, zerstoßene Bonbons und Perlen einkneten. Alle Portionen zu Rollen formen, in Frischhaltefolie wickeln und ca. 20 Minuten in den Kühlschrank stellen. Den Backofen auf 180 °C Umluft vorheizen und zwei Backbleche mit Backpapier auslegen.

Die Teigrollen auf der mit Mehl bestäubten Arbeitsfläche jeweils in fingerdicke Scheiben schneiden und auf die Bleche legen. Nach Belieben noch einmal Zuckerstreusel auf die Oberfläche streuen und leicht andrücken. Die Bleche nacheinander für 9–14 Minuten in den heißen Ofen geben. Die Kekse anschließend auf den Blechen auskühlen lassen.

GUT ZU WISSEN:
Die fertig gekneteten, veganen Plätzchenrollen halten sich bis zu 10 Tage in Frischhaltefolie gewickelt im Kühlschrank – perfekt für die spontane Backparty nach dem Kindergarten oder der Schule.

Espresso-Cookies

mit Schokolade, Sesam und Pistazien

Für ca. 20 Stück

125 g Margarine
200 g Zucker
190 g Dinkelmehl (Type 1050)
1 TL Backpulver
1 TL Zimtpulver
1 Msp. gemahlene Vanille
1 Prise Salz
1 TL Kakao
90 g gemahlene Mandeln
2 EL starker Espresso

Außerdem:
Mehl zum Arbeiten
50 g Pistazienkerne, fein gehackt
30 g Sesam
50 g Zartbitterschokolade, fein gehackt
Kreisausstecher
Salzflocken zum Bestreuen (nach Belieben)

Margarine und Zucker mit den Knethaken des Handrührgeräts oder in der Küchenmaschine zu einer cremigen Masse verrühren. Die trockenen Zutaten mischen und mit dem Espresso zur Margarine-Zucker-Mischung geben. Alles zu einem geschmeidigen Teig verarbeiten. Den Teig in Frischhaltefolie wickeln und 1 Stunde in den Kühlschrank stellen. Den Backofen auf 180 °C Umluft vorheizen und zwei Bleche mit Backpapier auslegen.

Den Teig auf der mit Mehl bestäubten Arbeitsfläche ca. 1 cm dick ausrollen und mit Pistazien, Sesam und Schokolade bestreuen. Dann erneut mit einer Backrolle darüberrollen, damit der Teig etwas flacher wird und Pistazien, Sesam und Schokolade gut haften. Aus dem Teig Kreise ausstechen und auf die Bleche setzen. Die Bleche nacheinander für 8–12 Minuten in den heißen Ofen geben. Anschließend die Espresso-Cookies nach Belieben mit Salzflocken bestreuen und auf einem Gitter auskühlen lassen.

GUT ZU WISSEN:
Die Plätzchen sind vegan. Den Espresso könnt ihr auch durch Wasser oder einen Getreide-Drink ersetzen.

Marzipan-Tannenzapfen

Für 12-14 Stück

200 g Marzipanrohmasse
90 g gemahlene Mandeln
20 g Zucker
ca. 200 g Mandelblättchen

Außerdem:
150 g Zartbitterkuvertüre

Marzipan mit gemahlenen Mandeln, Zucker und 30 ml Wasser zu einem weichen Teig verkneten. Den Backofen auf 160 °C Umluft vorheizen und ein Backblech mit Backpapier auslegen.

Aus dem Marzipanteig 4-5 cm große Zapfen formen und diese vorsichtig mit den Mandelblättchen spicken. Das untere Ende frei lassen. Die Zapfen auf das Blech legen und in 15-20 Minuten im heißen Ofen goldbraun backen. Anschließend vollständig auskühlen lassen.

Die Kuvertüre über dem heißen Wasserbad schmelzen. Die unteren Enden der Tannenzapfen in die Kuvertüre tauchen. Auf einem Bogen Backpapier trocknen lassen.

GUT ZU WISSEN:
Unsere leckeren kleinen Tannenzapfen sind vegan und glutenfrei. Natürlich könnt ihr aus dem Teig auch ganz klassische gebogene Mandelhörnchen formen.

*Weihnachten ist keine Jahreszeit.
Es ist ein Gefühl.*

Christbaum-Anhänger

Ihr benötigt:

- 1 Packung lufttrocknende Modelliermasse
- Backrolle
- Kreisausstecher oder verschieden große Gläser (ca. 2,5 cm, 3,5 cm, 5 cm und 6 cm ø)
- Sternausstecher
- 1 Schaschlikspieß
- Schälchen mit Wasser
- Pinsel
- Acrylfarbe in Rosa, Lila, Bordeaux, Mint und Gelb
- 1 Rolle dünner goldener Draht oder Faden
- ein paar kleine Holzperlen

So wird's gemacht:

1. Die Modelliermasse ca. 5 mm dick ausrollen.

2. Mit den Gläsern, Kreis- oder Sternausstechern die gewünschten Formen ausstechen.

3. Dann mit dem Schaschlikspieß mindestens ein Loch am Rand für die Aufhängung einstechen. Um die Kreise zusätzlich zu besticken, benötigt man weitere Löcher am ganzen Rand entlang und wahlweise noch eins in der Mitte.

4. Einen Finger in das Wasser tauchen und die Ränder etwas abrunden, damit die Kanten nicht so hart sind. Gegebenenfalls auch die Löcher etwas ausbessern.

5. Die Anhänger gut durchtrocknen lassen – im besten Fall 2 Tage.

6. Die Anhänger anschließend mit dem Pinsel und der Acrylfarbe anmalen. Erst die eine Seite gut trocknen lassen, danach die andere Seite bemalen und ebenfalls trocknen lassen.

7. Den Draht oder Faden von hinten nach vorne durch ein Loch ziehen und durch das gegenüberliegende Loch von vorne nach hinten ziehen. So fortfahren, bis eine Sternform entsteht.

8. Für die Aufhängung ein Stück Draht oder Faden durch das vorgesehene Loch ziehen, eine Schlaufe bilden und diese zuziehen.

9. Nach Belieben in die Mitte eine Perle setzen und mit dem Draht oder Faden befestigen oder auch zwei Anhänger miteinander verbinden.

Dinkel-Honig-Lebkuchen

Für 20–30 Stück (je nach Größe)

Für den Teig:
250 g Honig
120 g Rohrzucker
90 g Butter
500 g Dinkelmehl (Type 603)
1 EL Kakao
1 EL Lebkuchengewürz
1 EL Pottasche
1 Ei

Für das Royal Icing:
1 frisches Eiweiß
2 EL Zitronensaft
200 g Puderzucker

Außerdem:
Mehl zum Arbeiten

Für den Teig Honig, Zucker und Butter in einem Topf bei niedriger Hitze langsam schmelzen lassen, bis sich der Zucker vollständig aufgelöst hat. Mehl, Kakao und Lebkuchengewürz mischen und mit der Butter-Zucker-Mischung in eine Schüssel geben. Pottasche in 2 EL Wasser auflösen und mit dem Ei zufügen. Alles zu einem glänzenden, zähen Teig verkneten. Den Lebkuchenteig in eine luftdicht verschließbare Kunststoff-Dose geben und über Nacht im Kühlschrank ruhen lassen.

Am nächsten Tag den Backofen auf 180 °C Umluft vorheizen und zwei Backbleche mit Backpapier auslegen. Den Teig auf der mit Mehl bestäubten Arbeitsfläche ca. 5 mm dick ausrollen. Mit einem Messer Häuser, Pullis, Mützen und Handschuhe ausschneiden (siehe Vorlagen auf S. 138, alternativ mit Plätzchenausstechern Motive nach Belieben ausstechen) und auf die Bleche legen. Die Bleche nacheinander für 10–12 Minuten in den heißen Ofen geben. Die Lebkuchen anschließend auf einem Kuchengitter auskühlen lassen.

Für das Royal Icing das Eiweiß steif schlagen. Nach und nach abwechselnd Zitronensaft und Puderzucker zugeben und alles so lange weiter aufschlagen, bis eine zähe, glänzende Masse entstanden ist. Das Icing in einen Spritzbeutel mit sehr kleiner Tülle (ca. 2 mm) füllen und die Lebkuchen damit verzieren. Das Royal Icing trocknen lassen. Die Lebkuchen in einer Keksdose aufbewahren.

UNSER TIPP:
Bitte achtet unbedingt darauf, dass sich der Zucker in der Honigmasse ganz aufgelöst hat. Am besten prüft ihr mit Daumen und Zeigefinger, ob noch Zuckerkristalle zu spüren sind. Das Royal Icing muss wegen des rohen Eiweißes immer frisch zubereitet werden.

Zitronen-Zuckerstangen

Für ca. 30 Stück

170 g weiche Butter

170 g Zucker

2 Eier

350 g Dinkelmehl (Type 630)

1 TL Zitronenpaste

Außerdem:
backfeste rote Lebensmittelfarbe

Butter und Zucker mit dem Handrührgerät oder in der Küchenmaschine schaumig rühren. Nacheinander die beiden Eier zugeben und kurz auf hoher Stufe weiterrühren, bis eine weiche Masse entstanden ist. Mehl und Zitronenpaste zufügen und alles gut verkneten – das geht auch prima von Hand. Den Teig in zwei gleich schwere Hälften teilen und eine Hälfte mit roter Lebensmittelfarbe einfärben. Beide Teige abgedeckt mindestens 1 Stunde in den Kühlschrank stellen. Den Backofen auf 180 °C Umluft vorheizen und zwei Bleche mit Backpapier auslegen.

Beide Teige zu bleistiftdicken Schlangen von ca. 8 cm Länge rollen. Diese miteinander verzwirbeln und auf die Bleche legen. Die Enden gerade abschneiden und einen Bogen formen. Die Bleche nacheinander für 10–12 Minuten in den heißen Ofen geben. Anschließend die Zuckerstangen-Kekse auf einem Kuchengitter auskühlen lassen.

GUT ZU WISSEN:
Für einen homogenen Teig sollten alle Zutaten die gleiche Temperatur haben – vor allem die Eier. Daher empfehlen wir, sie einige Stunden vor dem Backen aus dem Kühlschrank zu nehmen.

Weihnachtsmannkarten

Ihr benötigt:

- Pinsel
- je 1 kleine Tube Acrylfarbe in Weiß und Rot
- getrocknete Blätter
- Fineliner in Schwarz
- Klebestift
- Blanko-Postkarten (ca. 12 x 17cm)
- 1 Rolle farbiges Masking Tape, z. B. in Rot oder Rosa

So wird's gemacht:

1. Mit dem Pinsel die weiße Farbe auf den unteren Teil der Blätter auftragen, sodass ein Bart entsteht. Dann die rote Farbe für die Mützen auf den oberen Teil der Blätter pinseln.

2. Sobald die Farbe getrocknet ist, mit dem Fineliner Augen und Mund auf die Blätter malen.

3. Die Blätter mit Kleber auf den Karten anbringen und die Stiele mit einem Streifen Masking Tape fixieren.

Nougat-Plätzchen

mit Kakaonibs

Für ca. 40 Stück

200 g Nuss-Nougat

100 g weiche Butter

1 Ei

2 Prisen Salz

300 g Dinkelmehl (Type 630)

½ TL Backpulver

Außerdem:

100 g Nougat, geschmolzen

2 EL Kakaonibs

150 g Zartbitterkuvertüre (70 % Kakao), geschmolzen

Nuss-Nougat bei niedriger Temperatur in einer Schüssel über dem heißen Wasserbad schmelzen. Butter, flüssiges Nougat, Ei, Salz, Mehl und Backpulver mit den Knethaken des Handrührgeräts oder in der Küchenmaschine zu einem geschmeidigen, glänzenden Teig verkneten. Den Backofen auf 160 °C Umluft vorheizen und zwei Backbleche mit Backpapier auslegen.

Für die Keksstangen bleistiftdicke ca. 8 cm lange Schlangen formen und jeweils zwei miteinander verzwirbeln. Für die Knöpfe walnussgroße Kugeln formen und mit dem Kochlöffelstiel eine Mulde eindrücken. Für die Kekse mit Muster Teigkugeln rollen und z. B. in einen Kristall-Glasuntersetzer drücken.

Die Kekse auf den Blechen verteilen und diese nacheinander für 8–12 Minuten in den heißen Ofen geben. Anschließend die Kekse auf einem Kuchengitter auskühlen lassen.

Die Knöpfe mit flüssigem Nougat füllen und mit Kakaonibs bestreuen. Die Keksstangen an einem Ende in flüssige Kuvertüre tauchen, ebenfalls mit Kakaonibs bestreuen und auf einem Gitter fest werden lassen.

UNSER TIPP:

Zur besseren Verarbeitung sollte dieser Teig Zimmertemperatur haben. Dazu am besten schon vor der Zubereitung des Teiges alle Zutaten aus dem Kühlschrank nehmen. Für klassische Nougat-Kipferl werden kleine Bögen geformt und nach dem Backen an den Spitzen mit Kuvertüre überzogen.

Spritzgebäck

mit Honig, Orange und Muskat

Für ca. 30 Stück

100 g cremiger Blüten-Honig

200 g weiche Butter

1 Ei

1 Msp. geriebene Muskatnuss

1 Pck. Vanillezucker

Abrieb von ½ Bio-Orange

300 g Weizenmehl (Type 550)

Außerdem:
Gebäckpresse

Den Backofen auf 160 °C Umluft vorheizen und zwei Backbleche mit Backpapier auslegen.

Honig und Butter mit dem Handrührgerät oder in der Küchenmaschine kurz cremig rühren. Ei, Muskat, Vanillezucker und Orangenabrieb zugeben und ein paar Minuten weiterrühren, bis eine helle, cremige Masse entstanden ist. Das Mehl zufügen und alles kurz von Hand zu einem weichen Teig verkneten.

Den Teig in die Gebäckpresse füllen und mit großer Tülle (7–10 mm Ø) mit etwas Abstand zueinander kleine Figuren auf die Backbleche spritzen. Die Bleche nacheinander für 10–12 Minuten in den heißen Ofen geben. Anschließend das Spritzgebäck auf einem Gitter auskühlen lassen.

AUCH LECKER:
Für alle, die Schokolade lieben: Das Spritzgebäck kann natürlich noch mit flüssiger Schokolade glasiert werden.

Schneeflocken

aus Blätterteig

Für 6-8 Stück (je nach Größe)

1 Rolle frischer Blätterteig (aus dem Kühlregal; ca. 270 g)

Außerdem:
Mehl zum Arbeiten

Puderzucker zum Bestäuben

Den Backofen auf 180 °C Umluft vorheizen und ein Backblech mit Backpapier auslegen.

Den Blätterteig aus der Verpackung nehmen und glatt auf die Arbeitsfläche legen. Den Teig in verschieden große Quadrate schneiden und diese leicht mit Mehl bestäuben. Die Quadrate zweimal falten und mithilfe einer Schere an den geschlossenen Kanten kleine Teigstückchen herausschneiden.

Den Blätterteig wieder auseinanderfalten, die Schneeflocken auf das Blech legen und im heißen Ofen in 15-20 Minuten goldbraun backen. Abkühlen lassen und mit Puderzucker bestäuben.

SO GEHT'S EINFACHER:
Kleinere Kinder können die Schneeflocken auch einfach mit einem geriffelten Teigrädchen in Form bringen. Kleine Löcher lassen sich prima mit einem Papierstrohhalm ausstechen.

Schlittschuh laufen nach der Schule

Walnuss-Adventskalender

Ihr benötigt:

- 24 Walnüsse (lieber ein paar mehr, falls sie beim Knacken brechen)
- Nussknacker (oder Messer)
- weißes Papier, in 24 kleine Streifen geschnitten
- Heißklebepistole
- 3 farbige Tonpapiere (z. B. in Grau, Beige und Rosa)
- kleine Zahlenstempel (0-9)
- Lochzange (oder Nadel)
- 1 Rolle dünnes Band (z. B. in Silber)

So wird's gemacht:

1. Die Nüsse mit einem Nussknacker vorsichtig in zwei Hälften teilen. Wer mit dem Nussknacker nicht so gut klarkommt, kann auch ein Messer benutzen. Dazu das Messer direkt auf die Mitte legen und die Nuss mit etwas Druck halbieren. Die Nusskerne werden nicht benötigt und können verzehrt werden.

2. Die Papierstreifen mit Gutscheinen (z. B. für Schlittschuh laufen, Kekse backen, Weihnachtsmärchen anschauen etc.) oder lieben Botschaften versehen, einrollen und in die Nussschalen legen. (Alternativ kann man auch kleine Geschenke wie Murmeln, Aufkleber, Pflaster, Schokokugeln etc. hineinlegen.)

3. Mit der Heißklebepistole die Nüsse wieder verschließen.

4. Aus dem Tonpapier ca. 50 kleine, verschiedene Formen ausschneiden, z. B. Kreise, Sterne, Herzen, Halbkreise etc., die nicht größer sind als eine Nuss.

5. 24 dieser Formen mit den Zahlen 1-24 bestempeln.

6. Für eine Nuss 1-3 kleine Papierformen mit der Lochzange lochen und einen silbernen Faden hindurchziehen. Alternativ die Papierformen mit einer Nadel durchstechen und auf den Faden aufziehen. Die bestempelte Form mit der Zahl sollte oben liegen.

7. Mit dem Faden die Nuss umwickeln und die Papierformen festknoten.

Otto
Mia

Einfache Back- und Bastelideen

für lange Winternachmittage

Donuts aus dem Ofen

mit rosa Punschglasur

Für 6 Stück

Für den Teig:
120 g Zucker
130 g weiche Butter
2 Eier
1 Pck. Vanillezucker
130 g Dinkelmehl (Type 1050)
½ TL Backpulver

Für die Glasur:
250 g Puderzucker
ca. 35 ml Holunder- oder Granatapfelpunsch

Außerdem:
6er-Donut-Backform
Butter für die Form
Zuckerperlen zum Bestreuen

Für den Teig Zucker und Butter zu einer hellen, cremigen Masse aufschlagen. Eier und Vanillezucker zugeben und ein paar Minuten weiterrühren, bis alles gut vermischt ist. Mehl und Backpulver vermengen und unter den Teig rühren. Den Backofen auf 180 °C Umluft vorheizen und die Donut-Backform buttern.

Den Teig mit einem Löffel oder mithilfe eines Spritzbeutels in die Form füllen und 15–20 Minuten im heißen Ofen backen. Stäbchenprobe machen! Die Donuts anschließend gut auskühlen lassen.

Für die Glasur den Puderzucker in ein Schälchen geben und mit dem Punsch zu einem dickflüssigen Guss verrühren. Die Donuts kopfüber zur Hälfte in die Glasur tauchen, auf ein Gitter legen und mit Zuckerperlen bestreuen. Die Glasur trocknen lassen.

GUT ZU WISSEN:
Je nachdem, welchen Punsch ihr benutzt, bekommt die Glasur eine ganz besondere Farbe. Die Glasur trocknet am besten an der frischen Luft – also die Donuts nicht in den Kühlschrank stellen.

Hefeschnecken

mit Pflaumenmus und Hagelzucker

Für 12-14 Stück

½ Würfel frische Hefe (ca. 21 g)

30 ml lauwarmes Wasser

50 g Rohrzucker

500 g Weizenmehl (Type 405)

50 g weiche Butter

1 Ei

260 ml Milch

Außerdem:

Butter für die Form

Mehl zum Arbeiten

1 Glas Pflaumenmus (ca. 340 g)

1 Eigelb

3 EL Milch

3-4 EL Hagelzucker

Die Hefe mit den Fingern zerbröseln und in einem kleinen Schälchen mit lauwarmem Wasser und 1 Prise Rohrzucker auflösen.

Mehl, den restlichen Rohrzucker und die gewürfelte weiche Butter in eine Schüssel geben. Die aufgelöste Hefe mit dem Ei und der Milch zufügen und alles mit den Händen oder mit dem Knethaken der Küchenmaschine zu einem geschmeidigen Teig verkneten. Die Schüssel mit Frischhaltefolie abdecken und den Teig ca. 30 Minuten gehen lassen. Eine Auflaufform (ca. 35 x 20 cm; ersatzweise eine Springform) buttern.

Den Hefeteig auf der mit Mehl bestäubten Arbeitsfläche ca. 1 cm dick ausrollen, mit dem Pflaumenmus bestreichen und von der langen Seite aus aufrollen. Die Rolle mit einem scharfen Brotmesser in ca. 4 cm dicke Scheiben schneiden und diese in die Form setzen.

Eigelb und Milch mit einer Gabel verquirlen. Die Hefeschnecken damit bestreichen und mit Hagelzucker bestreuen. Dann die Schnecken erneut 20-30 Minuten gehen lassen. Den Backofen auf 170 °C Umluft vorheizen. Die Form in den heißen Ofen geben und die Hefeschnecken in 25-35 Minuten hellbraun backen.

GUT ZU WISSEN:

Hefeteig solltet ihr besser hell und nie zu lange backen, sonst wird er sehr schnell trocken.

Papierstern-Kranz

Ihr benötigt für die Sterne:

- Tonpapier in DIN-A4 (in verschiedenen Farben)
- Schere
- Nadel
- Faden
- doppelseitiges Klebeband

Ihr benötigt für den Tannenzapfenring:

- dicken Metalldraht (alternativ fertigen Metallring verwenden)
- Drahtschere
- dünnen Lärchenzweig mit Tannenzapfen (ca. 1,6 m lang)
- braunen Blumendraht
- kleine Lichterkette (optional)

So wird's gemacht (Sterne):

1. Das Tonpapier längs in ca. 5 cm breite Streifen schneiden. Jeder Streifen wird am Ende ein Stern. Aus einem DIN-A4-Bogen bekommt man 4 Sterne (siehe Stilvorlage S. 139).

2. Die Streifen wie eine Ziehharmonika ca. 1 cm breit zusammenfalten. Dann mit der Schere seitlich ein Dreieck einschneiden, sodass ein Muster entsteht.

3. An einem Ende das gefaltete Stück links und rechts diagonal wie ein Dreieck abschneiden. So entstehen die Sternspitzen.

4. An dem geraden Ende mit Nadel und Faden den Stern mit einem Stich zusammennähen. Den Stern auffächern und die Enden mit einem dünn zugeschnittenen Streifen doppelseitigem Klebeband verkleben.

5. Für die Aufhängung an einer Sternspitze einen Faden mit einer Nadel durchziehen. Den Faden etwas länger lassen, damit die Längen im Kranz variieren können.

So wird's gemacht (Tannenzapfenring):

1. Aus einem dicken Metalldraht einen ca. 50 cm großen Kreis formen. Am Ende einen Haken als Aufhängung biegen und abschneiden. Alternativ einen fertigen Metallring verwenden.

2. Einen dünnen Lärchenzweig mit vielen Tannenzapfen und Abzweigungen um den Draht biegen und mit Blumendraht fixieren. (Optional eine Lichterkette mit kleinen LED-Lämpchen um den Zweig wickeln.)

3. Die Papiersterne versetzt in den Kranz einhängen und festknoten.

Blätterteig-Tannenbaum

mit Schokocreme

Für 1 Tannenbaum

2 Rollen frischer Blätterteig (aus dem Kühlregal; à ca. 270 g)

200 g Schokocreme

Außerdem:
1 Eigelb

3 EL Milch

Eine Rolle Blätterteig aus der Verpackung nehmen, glatt auf die Arbeitsfläche legen und mit einem Messer oder Teigschaber die Schokocreme großzügig darauf verteilen. Die zweite Rolle Blätterteig auspacken, auf die Schokocreme legen und das Papier abziehen. Mit einem Messer einen großen Tannenbaum ausschneiden.

Den Backofen auf 180 °C Umluft vorheizen und ein Backblech mit Backpapier auslegen. Den Tannenbaum auf das Blech legen.

Aus den Teigresten einen Stern für die Baumspitze ausstechen. Für die Äste den Tannenbaum mehrmals auf beiden Seiten horizontal bis ca. 2 cm vor der Mitte einschneiden und die einzelnen Teigstreifen eindrehen. Den Stern auf die Spitze setzen.

Eigelb und Milch mit einer Gabel verquirlen und den Tannenbaum damit einstreichen. Das Blech in den heißen Ofen geben und den Tannenbaum in 25–35 Minuten goldbraun backen.

UNSER TIPP:
Die Teigreste an den Seiten werden natürlich auch mitgebacken: Ihr könnt daraus noch weitere Sterne oder andere Formen ausstechen.

Apfel-Nuss-Brot

mit rotem Apfelgelee

Für 1 Kastenform (ca. 35 cm Länge)

Für das Brot:
750 g Äpfel (geschält und entkernt gewogen)
60 ml Apfelsaft
30 ml Zitronensaft
150 g Dinkelvollkornmehl
200 g Dinkelmehl (Type 630)
1 Pck. Backpulver
1 TL Zimtpulver
1 Msp. gemahlene Nelken
100 g weiche Butter
150 g Zucker
150 g Haselnusskerne
50 g Walnusskerne

Für das Gelee:
1 l roter Apfelsaft
500 g Gelierzucker 2:1
1 EL Zitronensaft

Außerdem:
Butter für die Form

Die Kastenform ausbuttern. Die Äpfel (ohne Schale und Kerngehäuse) in kleine Würfel schneiden. Die Apfelwürfel mit Apfelsaft und Zitronensaft mischen und ca. 10 Minuten ziehen lassen.

Den Backofen auf 180 °C Umluft vorheizen. Beide Mehle, Backpulver, Zimt und Nelken mischen. Butter und Zucker mit dem Handrührgerät schaumig schlagen. Die Mehlmischung und die ganzen Nusskerne zugeben und mit einem Löffel unterheben. Die Apfelwürfel mitsamt dem Saft zufügen und alles mit dem Löffel zu einem nassen Teig vermengen. Den Teig in die Kastenform füllen und das Brot 45–50 Minuten im heißen Ofen backen. Stäbchenprobe machen!

Für das Gelee Apfelsaft mit Gelierzucker und Zitronensaft in einem Topf verrühren, aufkochen und 3 Minuten bei kleiner Hitze köcheln lassen. Das Gelee in saubere Schraubgläser füllen und verschließen.

GUT ZU WISSEN:
Die Stäbchenprobe funktioniert so: Ein Holzstäbchen mittig in das Brot stecken und wieder herausziehen. Bleibt kein Teig daran haften, ist das Brot gar. Mit der Stäbchenprobe könnt ihr übrigens auch feststellen, ob die Äpfel im Brot weich genug sind.

Dambedei

aus Quark-Öl-Teig mit Zuckermantel

Für 8–10 Stück (je nach Größe)

450 g Dinkelmehl (Type 1050)
1 Pck. Backpulver
70 g Zucker
200 g Magerquark
1 Ei
100 ml Sonnenblumenöl
50 ml Milch

Außerdem:
Mehl zum Arbeiten
100 g Butter
150 g Zucker

Mehl, Backpulver und Zucker in einer großen Schüssel mischen. Quark, Ei, Öl und Milch zugeben und alles mit den Händen zu einem geschmeidigen Teig verkneten. Den Teig in 8–10 Portionen teilen und diese auf der leicht bemehlten Arbeitsfläche zu Ovalen formen.

Den Backofen auf 180 °C Umluft vorheizen und ein Backblech mit Backpapier auslegen. Die Teiglinge für Arme und Kopf oben an den Seiten viermal mit einer Schere einschneiden. Für die Beine unten einen senkrechten Schnitt setzen. Die so entstandenen Teigfiguren auf das Blech legen und im heißen Ofen in 12–15 Minuten hellbraun backen.

Die Butter bei kleiner Hitze in einem Topf zerlassen und die noch heißen Teigfiguren direkt nach dem Backen rundherum damit bestreichen. Dann sofort im Zucker wälzen und auf einem Kuchengitter auskühlen lassen.

GUT ZU WISSEN:
Der Dambedei wird im Süden Deutschlands traditionell zum Sankt-Martins-Tag gegessen. Aus dem Teig lassen sich auch wunderbar kleine Martinsgänse formen.

Theo
Lotta
FÜR ♥ ...OMA

Bestickte Weihnachtskarten

und Etiketten

Ihr benötigt:

- Bleistift
- Blanko-Klappkarten (in DIN-A7 oder größer)
- dünne Nadel
- dünnen Faden (z. B. Nähgarn) in Silber, Grün und Rosa
- Kleber
- Blanko-Etiketten (ca. 6 x 10 cm)
- schwarzen Stift
- ein paar kleine Perlen

So wird's gemacht:

1. Für den Tannenbaum mit einem Bleistift ganz dünn ein Dreieck auf die Vorderseiten der Klappkarten zeichnen. Über dem Dreieck einen kleinen Stern zeichnen.

2. Mit der Nadel auf der linken und der rechten Linie des Dreiecks jeweils sechs bis sieben Löcher stechen. Der Abstand der Löcher darf gerne unterschiedlich groß sein. Für den Stern an den Enden der Spitzen jeweils ein kleines Loch durchpiksen. Hier sind es insgesamt 8 Löcher.

3. Einen Faden auf die Nadel auffädeln und von hinten durch das erste Loch ziehen. Dann den Faden vorne von einer Seite zur anderen ziehen und nach hinten durchfädeln, sodass nach und nach eine Baumform entsteht. Es können gerade Linien oder im Zickzack genäht werden. Das Ende des Fadens mit dem Fadenanfang auf der Rückseite möglichst flach verknoten. Beim Stern ebenso verfahren.

4. Damit die Rückseite des Stickbildes nicht zu sehen ist, die Klappkarten zusammenkleben.

5. Für die Etiketten mit einem Bleistift einen beliebig großen Stern aus Linien dünn aufzeichnen. In der Mitte des Sterns einen kleinen Kreis zeichnen. Wie bei einem Eisstern auch kleinere Verzweigungen zeichnen. Mit einer Nadel jeweils an den Enden und am Anfang der Verzweigungen, entlang der Sternlinien sowie entlang des Kreises in der Mitte kleine Löcher durchstechen.

6. Dann mit dem Rückstich, einem Stickstich, bei dem keine Lücke entsteht, durch die vorgefertigten Löcher einen Faden ziehen. Dafür den Faden von vorne durch das erste Loch ziehen, dann von hinten ein Loch weiter den Faden durchziehen und anschließend den Faden so durchziehen, dass die Lücke geschlossen wird. Diesen Vorgang wiederholen, bis der Stern komplett ist.

7. Mit dem schwarzen Stift die Etiketten und Karten mit Namen oder Gruß beschriften.

8. Auf einen Faden kleine Perlen aufziehen, verknoten und durch das Loch der Etiketten fädeln.

Hefewaffeln

mit Zimtsahne und Birnenkompott

Für 10-12 Stück

Für den Teig:
200 g Margarine
½ Würfel frische Hefe (ca. 21 g)
480 g Dinkelvollkornmehl
110 g Rohrzucker
2 Prisen Salz
½ TL Spekulatiusgewürz
2 Prisen geriebene Muskatnuss

Für die Zimtsahne:
200 ml vegane Sahne
½ TL Zimtpulver
1 EL Puderzucker

Für das Kompott:
5 reife Birnen
100 ml Apfelsaft (ersatzweise Birnensaft)
Saft von 1 Zitrone
1 Zimtstange
2 Sternanis

Außerdem:
Margarine für das Waffeleisen
Puderzucker zum Bestäuben

Für den Teig die Margarine zerlassen. Die Hefe in ein Schälchen bröseln und mit 2 EL Wasser verrühren. Mehl, Zucker, Salz und Gewürze in einer Schüssel mischen. Die aufgelöste Hefe, die flüssige, etwas abgekühlte Margarine und 400 ml Wasser in die Schüssel geben und alles zu einem flüssigen Hefeteig verrühren. Den Waffelteig mindestens 30 Minuten abgedeckt ruhen lassen.

Das Waffeleisen vorheizen und beide Seiten gut einfetten. Den Teig erneut gut durchrühren, mit einem Löffel portionsweise ins Waffeleisen geben und auf kleinster Stufe goldbraun backen.

Für die Zimtsahne die Sahne in einen hohen Rührbecher geben und mit Zimt und Puderzucker steif schlagen. Bis zur Verwendung kalt stellen.

Für das Kompott die Birnen waschen, nach Belieben schälen, entkernen und in kleine Spalten schneiden. Die Birnen mit Apfel- und Zitronensaft sowie den Gewürzen in einen Topf geben, kurz aufkochen und bei geringer Hitze so lange köcheln lassen, bis sie weich, aber nicht matschig sind. Das Kompott mitsamt den Gewürzen in ein großes Schraubglas füllen.

Die Waffeln mit Puderzucker bestäuben und mit Kompott und Zimtsahne servieren.

GUT ZU WISSEN:
Diese Waffeln schmecken am allerbesten frisch und warm aus dem Waffeleisen. Solltet ihr sie vorbereiten oder habt ihr einige übrig, lassen sie sich im Toaster wieder erwärmen.

Joghurt-Orangen-Törtchen

mit Creamcheese-Frosting

Für 24 Stück

Für den Teig:
150 g Dinkelmehl (Type 1050)
120 g Dinkelvollkornmehl
2 TL Backpulver
½ TL Natron
120 g Rohrzucker
1 Pck. Vanillezucker
Abrieb von 1 Bio-Orange
1 Ei
60 ml Sonnenblumenöl
200 g Naturjoghurt (3,5 % Fett)

Für das Frosting:
50 g sehr weiche Butter
150 g Puderzucker
15 ml Sahne
1 TL Mohn-Back
100 g Frischkäse

Für die Deko:
Zesten von 1 Bio-Orange

Außerdem:
24er-Muffin-Backblech
24 Mini-Muffinförmchen aus Papier

Den Backofen auf 180 °C Umluft vorheizen und das Muffin-Backblech mit Papierförmchen auslegen.

Für den Teig beide Mehle, Backpulver, Natron, Zucker, Vanillezucker und Orangenabrieb in einer Schüssel mischen. In einer zweiten Schüssel Ei, Öl und Joghurt mit einem Schneebesen verquirlen. Die Joghurtmasse zur Mehlmischung geben und mit einem Esslöffel alles nur kurz zu einem homogenen Teig vermengen. Mit zwei Teelöffeln den Teig in die Papierförmchen geben und die Muffins im heißen Ofen 10–15 Minuten backen. Stäbchenprobe machen!

Für das Frosting die sehr weiche, aber nicht flüssige Butter in einem hohen Rührbecher mit dem Handrührgerät hellcremig aufschlagen. Puderzucker und Sahne löffelweise zugeben und dabei weiterrühren. Zuletzt Mohn-Back und Frischkäse zufügen und alles nur noch langsam auf niedrigster Stufe zu einem cremigen Frosting verrühren.

Das Frosting in einen Spritzbeutel füllen und die Muffins damit verzieren. Die Törtchen mit Orangenzesten dekorieren und in den Kühlschrank stellen, bis die Creme fest ist.

GUT ZU WISSEN:
Der Teig sollte nur ganz kurz mit einem Koch- oder Esslöffel, nicht mit einem Schneebesen, vermengt werden, damit er nicht zäh wird. Bei der Zubereitung des Frostings solltet ihr unbedingt auf die Reihenfolge der Zutaten achten, sonst könnte die Masse krisselig werden.

Apfel-Rosmarin-Punsch

Für 4–5 Gläser

½ Bio-Zitrone
1 Vanilleschote
1 l Apfelsaft (naturtrüb)
1 Zimtstange
2 Rosmarinzweige
3 EL Ahornsirup

Außerdem:
2 Äpfel
4 Rosmarinzweige
Sternausstecher

Die Zitronenhälfte heiß waschen, trocknen und mit einem Sparschäler zwei breite Streifen abschälen. Die Vanilleschote längs aufschlitzen und Mark herauskratzen. Apfelsaft mit Zitronenschale, Vanilleschote und -mark, Zimt, Rosmarinzweigen und Ahornsirup in einen Topf geben und langsam auf dem Herd erwärmen. Den Punsch ca. 10 Minuten bei geringer Hitze ziehen lassen und anschließend durch ein Sieb in eine Kanne füllen.

Die Äpfel waschen, in Scheiben schneiden und etwa die Hälfte der Apfelscheiben mit den Rosmarinzweigen in Punschgläser geben. Aus den übrigen Scheiben mit dem Ausstecher kleine Sterne ausstechen. Die Apfelsterne ebenfalls in die Gläser geben und alles mit heißem Punsch auffüllen.

AUCH LECKER:
Den Apfelsaft könnt ihr auch gut mit Birnensaft mischen oder durch andere ungesüßte Säfte ersetzen.

Bunte Eicheln

Ihr benötigt:

- Eicheln (selbst gesammelt oder gekauft)
- Pinsel
- je 1 kleine Tube Acrylfarbe in Orange, Gelb, Hellblau, Rosa und Lila

So wird's gemacht:

1. Die Eicheln, wenn nötig, etwas säubern, falls sie selbst gesammelt sind.

2. Mit einem kleinen Pinsel vorsichtig die Grundfarbe komplett auf die Eicheln auftragen. Aufpassen, dass man die Kappen nicht mit dem Pinsel berührt.

3. Wenn die Grundfarbe gut getrocknet ist (in ca. 20 Minuten), können in einem anderen Farbton kleine Punkte, Streifen und Linien aufgemalt werden.

4. Die Eicheln gut trocknen lassen und beliebig verwenden, zum Beispiel im Adventskranz oder als Tischdeko.

GUT ZU WISSEN:

Eicheln könnt ihr von September bis November sammeln. Nach dem Einsammeln müssen sie nebeneinander ausgebreitet werden, um richtig trocknen zu können. Idealerweise bewahrt ihr die Eicheln einlagig in Pappkartons oder luftigen Körben auf, um Schimmelbildung zu vermeiden.

Linzer Torte

mit Sternschnuppen

Für 1 Spring- oder Tarteform (26 cm ø)

220 g Zucker

200 g gemahlene Mandeln

100 g gemahlene Haselnusskerne

240 g Weizenmehl (Type 1050)

1 TL Kakao

1 ½ TL Zimtpulver

1 Pck. Vanillezucker

2 Msp. gemahlene Nelken

1 TL Backpulver

300 g kalte Butter

1 Ei

Außerdem:
Butter für die Form

1–2 EL Mehl

400 g Johannisbeergelee

Sternschnuppen- und Sternausstecher

Alle trockenen Zutaten in eine Schüssel geben und gut durchmischen. Die kalte Butter klein würfeln und mit dem Ei zugeben. Alles mit den Händen oder dem Knethaken der Küchenmaschine rasch verkneten und den Teig ca. 1 Stunde abgedeckt in den Kühlschrank stellen.

Den Backofen auf 160 °C Umluft vorheizen. Die Form ausbuttern und mit etwas Mehl ausstäuben. Vom fertigen Teig ca. 200 g für die Dekoration abnehmen und beiseitestellen. Den restlichen Teig mit den Fingern gleichmäßig in der Form verteilen und andrücken. Dabei auch einen kleinen Rand formen. Das Gelee auf den Teig geben und glatt streichen. Den Teig für die Dekoration mit etwas Mehl verkneten, so lässt er sich besser verarbeiten. Den Teig auf der leicht bemehlten Arbeitsfläche ausrollen, kleine Sterne und Sternschnuppen daraus ausstechen und auf das Gelee legen.

Die Linzer Torte im heißen Ofen (untere Schiene) 40–45 Minuten backen. Den Rand nach dem Backen vorsichtig mit einem spitzen Messer von der Form lösen und die Torte vollständig in der Form auskühlen lassen.

UNSER TIPP:
Die Linzer Torte ist bei uns ein klassischer Geburtstagskuchen, denn die Torte lässt sich supergut mit Namen, Zahlen oder anderen lieben Botschaften dekorieren. In Alufolie eingeschlagen und gekühlt gelagert, hält sich die Linzer Torte einige Wochen.

Aprikosen-Marzipan-Stollen

Für 1 Stollen

1 Bio-Orange

200 g Soft-Aprikosen

40 g Mandelstifte

80 g weiche Butter

70 g Puderzucker

125 g Quark (20 % Fett)

2 Eier

500 g Dinkelmehl (Type 630)

2 TL Backpulver

1 TL Stollengewürz

50 g Marzipanrohmasse

Außerdem:

40 g Butter

40 g Puderzucker

Die Orange heiß waschen, trocknen und die Schale abreiben. 30 ml Saft auspressen. Die Aprikosen in kleine Würfel schneiden und mit Orangensaft, Orangenschale und Mandelstiften in einem tiefen Teller ca. 10 Minuten marinieren.

Butter und Puderzucker mit dem Handrührgerät oder in der Küchenmaschine schaumig aufschlagen.

Quark und Eier zugeben und alles gut verrühren. Mehl, Backpulver und Stollengewürz mischen, in den Teig geben und gut unterkneten. Den Teig aus der Schüssel nehmen und von Hand mit der Aprikosenmischung verkneten. Das Marzipan mithilfe einer Küchenreibe grob reiben und ebenfalls unterkneten.

Den Backofen auf 170 °C Umluft vorheizen und eine Springform (22 cm ø) mit Backpapier auslegen. Den Stollen zunächst mit vier Strängen flechten und dann als Kranz in die Form legen. Er kann natürlich auch klassisch geformt auf einem Blech gebacken werden. Den Stollen im heißen Ofen 40–45 Minuten backen.

Die Butter zerlassen. Den Stollen direkt nach dem Backen mit der flüssigen Butter einpinseln und mit Puderzucker bestäuben.

GUT ZU WISSEN:

In Butterbrotpapier gepackt hält sich der Stollen einige Wochen.

Tannenzapfen-Anhänger

Ihr benötigt:

- Pinsel
- Tannenzapfen
- Acrylfarbe (verschiedene Farben nach Belieben)
- Nadel
- goldenen Faden
- Pompons (in der Anzahl der Tannenzapfen)
- Heißklebepistole

So wird's gemacht:

1. Mit dem Pinsel die Spitzen der Zapfen in unterschiedlichen Farben bemalen. Anschließend gut trocknen lassen.

2. Dann mit der Nadel und dem goldenen Faden durch die Pompons stechen, eine Schlaufe für die Aufhängung von ca. 3 cm stehen lassen und die Nadel zurück durch den Pompon stechen. Das Ende verknoten.

3. Die Pompons mit der Aufhängung an den Spitzen der Zapfen mithilfe der Heiß-klebepistole befestigen. Gut trocknen lassen.

Mini-Kokosmakronen

Für 20-25 Stück

2 Eiweiß

135 g feinster Zucker

1 Pck. Vanillezucker

2 Prisen Salz

150 g Kokosraspel

Außerdem:
Kokoschips zum Dekorieren

Die Eiweiße mit dem Handrührgerät sehr steif schlagen. Zucker, Vanillezucker und Salz mischen und unter ständigem Rühren langsam in den Eischnee rieseln lassen. So lange weiterrühren, bis sich der Zucker vollständig aufgelöst hat.

Den Backofen auf 140 °C Umluft vorheizen und ein Backblech mit Backpapier auslegen.

Die Kokosraspel mit einem Esslöffel vorsichtig unter die Eiweißmasse heben. Mit zwei Teelöffeln kleine Teighäufchen auf das Blech setzen, diese mit je 1 Kokoschip verzieren und in 25–30 Minuten im heißen Ofen hell backen. Die Kokosmakronen auf dem Blech auskühlen lassen und anschließend vorsichtig vom Backpapier abziehen.

UNSER TIPP:
Die übrigen Eigelbe könnt ihr super für die Terrassenplätzchen (s. S. 10) verwenden!

Backen und Basteln

für die Kuchentafel im Advent

Babka

mit Pistazienfüllung

Für 1 Springform (26 cm ø)

Für den Teig:
½ Würfel frische Hefe (ca. 21 g)
500 g Weizenmehl (Type 550)
80 g Zucker
60 g kalte Butter
1 Ei
200 ml Milch

Für die Füllung:
200 g gesalzene Pistazienkerne
150 g weiche Butter
170 g Zucker

Außerdem:
Mehl zum Arbeiten
1 Eigelb
3 EL Milch
50 g gehackte Pistazienkerne

Für den Teig die Hefe mit den Fingern in ein Schälchen bröseln und in 1 EL Wasser auflösen. Mehl, Zucker und die aufgelöste Hefe in eine große Schüssel geben. Die Butter in kleine Würfel schneiden und mit Ei und Milch zugeben. Alles mit den Händen oder dem Knethaken der Küchenmaschine zu einem geschmeidigen Teig verkneten. Die Schüssel abdecken und den Teig mindestens 1 Stunde gehen lassen.

Für die Füllung die Pistazien in einem Mixer oder Blender mit der Butter und dem Zucker cremig mixen.

Den Hefeteig erneut durchkneten und auf der leicht bemehlten Arbeitsfläche ca. 5 mm dick zu einem Rechteck von ca. 50 x 30 cm ausrollen. Die Pistaziencreme mit einem Löffel oder Teigschaber ohne Rand auf den Teig streichen. Dann den Teig von der langen Seite her aufrollen und in der Mitte längs mit einem scharfen Brotmesser durchschneiden. Beide Teigstränge nun so ineinander verdrehen, dass sich die offenen Schnittkanten immer oben befinden. Die Teigstränge zu einem Kranz schließen. Den Babka in eine mit Backpapier ausgelegte Springform (26 cm ø) setzen.

Eigelb und Milch mit einer Gabel verquirlen, den Babka damit bestreichen, mit Pistazien bestreuen und weitere 30 Minuten gehen lassen. Den Backofen auf 170 °C Umluft vorheizen. Den Babka in 30–40 Minuten im heißen Ofen hellbraun backen.

GUT ZU WISSEN:
Unser Babka schmeckt, wie jedes Gebäck aus Hefeteig, direkt nach dem Backen am besten. Anstelle eines großen Babkas könnt ihr natürlich auch viele kleine Hefeschnecken backen.

Gedeckter Apfelkuchen

Für 1 Springform (26 cm ø)

Für den Mürbeteig:
300 g kalte Butter
600 g Dinkelmehl (Type 1050)
200 g Rohrzucker
2 Prisen Salz
2 Eier

Für die Füllung:
1,5 kg Äpfel (ungeschält gewogen)
50 g Rohrzucker
125 ml Apfelsaft
50 g gemahlene Mandeln
1 TL Zimtpulver
Abrieb von 1 Bio-Orange
Saft von 1 Bio-Zitrone
100 g Mandelstifte

Außerdem:
Mehl zum Arbeiten
Butter für die Form
Plätzchenausstecher
1 Eigelb
3 EL Milch

Für den Mürbeteig die kalte Butter klein würfeln. Alle Zutaten rasch zu einem Teig verkneten und ca. 30 Minuten abgedeckt in den Kühlschrank stellen.

Für die Füllung die Äpfel schälen, vierteln, entkernen und die Viertel noch einmal durchschneiden. Äpfel mit Rohrzucker und Apfelsaft in einem Topf ca. 10 Minuten weich, aber nicht matschig dünsten. Etwas abkühlen lassen. Gemahlene Mandeln mit Zimt, Orangenabrieb, Zitronensaft und Mandelstiften vorsichtig unter die Äpfel heben.

Den Backofen auf 170 °C Umluft vorheizen. Den Mürbeteig auf der bemehlten Arbeitsfläche ca. 4 mm dick ausrollen. Den Boden der Springform auf den Teig legen und mit einem Messer zwei Kreise für Boden und Deckel daraus ausschneiden. Die Springform wieder zusammensetzen und den Boden der Form ausbuttern.

Einen Teigkreis in die Form legen und mit einer Gabel mehrfach einstechen. Den Boden 8–10 Minuten im heißen Ofen vorbacken, herausnehmen und in der Form auskühlen lassen. Den restlichen Teig erneut ausrollen und ca. 4 cm breite Streifen für den Rand zuschneiden. Den Rand der Form buttern und die Teigstreifen andrücken. Den übrigen Teig erneut ausrollen und Plätzchen für die Verzierung auf dem Deckel ausstechen.

Die Apfelmasse in die Form füllen und mit dem Teigdeckel zudecken, am Rand gut festdrücken.

Eigelb und Milch mit einer Gabel verquirlen und damit die Oberfläche einstreichen. Die ausgestochenen Plätzchen obenauf verteilen und erneut mit der Eigelbmischung einstreichen. Den Apfelkuchen 35–40 Minuten backen. Dann in der Form vollständig auskühlen lassen.

UNSER TIPP:
Mit geschlagener Sahne und einer Kugel Vanilleeis ist dieser Apfelkuchen ein Gedicht!

Adventskranz

Ihr benötigt für den Kranz:

- ca. 5 Tannenzweige
- ca. 5 Eukalyptuszweige
- dünnen Draht
- Metallring (30 cm ø)
- 1 Packung lufttrocknende Modelliermasse
- 1 Handvoll Mini-Steckperlen
- 4 kleine Adventskerzen

Ihr benötigt für die Filzeicheln:

- Eicheln
- Filzkugeln (ca. 2 cm ø)
- Heißklebepistole
- Silber- oder Goldfaden

So wird's gemacht (Kranz):

1. Die Zweige mithilfe des Drahts um den Metallring binden. Je nach Geschmack den Kranz etwas dicker oder filigraner binden. (Alternativ einen fertigen Kranz verwenden.)

2. Für die Kerzenständer vier Teile Modelliermasse in der Größe von Mandarinen gut durchkneten. Daraus vier Formen kneten, die am Ende alle unterschiedlich aussehen. Die Formen können zwischen 1 cm und 6 cm hoch und bis zu 7 cm breit sein.

3. Die fertigen Formen eventuell mit befeuchteten Fingern etwas ausbessern, falls Unebenheiten entstanden sind.

4. Dann nach Belieben Steckperlen in die Masse drücken.

5. Zuletzt die Kerzen gerade in der Mitte der Kerzenständer platzieren und festdrücken. Die Kerzenständer gut durchtrocknen lassen und anschließend in die Mitte des Kranzes stellen.

So wird's gemacht (Filzeicheln):

1. Die Köpfe der Eicheln vorsichtig lösen. Es gibt Eicheln, bei denen das nicht funktioniert, aber die meisten lösen sich gut.

2. Die Filzkugeln mithilfe der Heißklebepistole in den Hut einkleben. Der Hut hat meistens eine super Spitze. Einen langen Faden abschneiden und die Filzeicheln nach und nach an der Hutspitze in unterschiedlichen Abständen anknoten.

3. Das Eichelband um den Kranz wickeln.

Käsekuchen

mit Spekulatiusmürbeteig

Für 1 Springform (24 cm ø)

Für den Teig:
160 g kalte Butter
300 g Dinkelmehl (Type 1050)
100 g Zucker
1 Ei
1 Msp. Spekulatiusgewürz

Für die Füllung:
500 g Frischkäse
250 g Magerquark
180 g Rohrzucker
1 TL Vanillepaste
1 Prise Salz
4 Eier
1 Pck. Vanillepuddingpulver

Außerdem:
Butter für die Form
Rosmarinzweige und Puderzucker zum Dekorieren

Für den Teig die kalte Butter klein würfeln. Alle Zutaten mit dem Knethaken der Küchenmaschine zu einem bröseligen Mürbeteig verkneten. Den Teig mit den Händen zu einer lockeren Kugel zusammenschieben und in Frischhaltefolie gewickelt ca. 1 Stunde im Kühlschrank ruhen lassen.

Für die Füllung Frischkäse, Quark, Rohrzucker, Vanille, Salz, Eier und das Puddingpulver in einer Schüssel mit dem Schneebesen glatt rühren.

Den Backofen auf 180 °C Umluft vorheizen und die Springform buttern. Den Teig ausrollen und die Form damit auskleiden. Überstehende Teigränder mit einem Messer abschneiden. Die Käsemasse einfüllen und mit einem Löffel glatt streichen. Den Kuchen ca. 40 Minuten im heißen Ofen backen und anschließend in der Form vollständig auskühlen lassen.

Die Rosmarinzweige abbrausen, gut trocken schütteln und als kleine Tannenbäumchen in den Kuchen stecken. Alles mit Puderzucker bestäubt servieren.

UNSER TIPP:
Aus dem übrigen Mürbeteig am besten gleich noch Kekse backen oder ihn gut verschlossen einfrieren.

Marmorkuchen

mit Mandelsplitter-Topping

Für 1 Kranzform (26 cm ø)

Für den Teig:
6 Eier
330 g weiche Butter
300 g Zucker
190 g gemahlene Haselnusskerne
225 g Dinkelmehl (Type 630)
2 TL Backpulver
3 TL Zimtpulver
50 g Zartbitter-Schokoraspel
2 EL Kakao

Für das Topping:
200 g Mandelstifte
100 g Zartbitterkuvertüre
100 g Vollmilchkuvertüre
1 EL Kokosfett

Außerdem:
Butter und Mehl für die Form

Den Backofen auf 180 °C Umluft vorheizen. Die Kranzform buttern und mit Mehl ausstäuben, überschüssiges Mehl wieder herausklopfen.

Für den Teig die Eier trennen. Die Eiweiße zu festem Eischnee schlagen. Butter und Zucker cremig rühren. Dabei nach und nach die Eigelbe unterrühren. Nüsse, Mehl, Backpulver und Zimt zugeben und alles gut vermengen. Eischnee und Schokoraspel behutsam mit einem Teigschaber unterheben. Die Hälfte des Teiges in die Form geben und glatt streichen.

Kakao mit 1 EL Wasser in die zweite Teighälfte geben und untermischen. Den dunklen Teig ebenfalls in die Form geben und beide Teige mit einer Gabel marmorieren. Den Kuchen 40–45 Minuten im heißen Ofen backen. Stäbchenprobe machen!

Für das Topping die Mandelstifte ohne Fett in einer Pfanne goldbraun rösten. Auf einem Teller abkühlen lassen. Die Kuvertüren grob hacken und mit dem Kokosfett in einer Schüssel über dem heißen Wasserbad unter Rühren schmelzen. Mandeln und Kuvertüre mischen und den ausgekühlten Kuchen auf der Oberseite damit überziehen. Den Kuchen kalt stellen, bis die Kuvertüre getrocknet ist.

AUCH LECKER:
Aus dem Topping könnt ihr auch viele kleine Mandelsplitter machen, indem ihr mit zwei Teelöffeln kleine Häufchen auf ein Backpapier setzt und sie im Kühlschrank fest werden lasst.

Macadamia-Schokoladenkuchen

Für 1 Tarteform (26 cm ø)

200 g gesalzene Macadamianusskerne

200 g Vollmilchkuvertüre

400 g weiche Butter

320 g Rohrohrzucker

4 Eier

320 g Dinkelmehl (Type 630)

2 TL Kakao

2 TL Lebkuchengewürz

Den Backofen auf 180 °C Umluft vorheizen und die Tarteform mit Backpapier auslegen. Die Macadamianüsse in einen Mixer oder Blender geben und zu feinem Nussmehl mahlen.

Die Kuvertüre in einer Schüssel über dem heißen Wasserbad schmelzen und etwas abkühlen lassen. Butter und Zucker cremig schlagen. Nach und nach die Eier zugeben, dabei die Masse weiterschlagen. Dann unter Rühren die geschmolzene Kuvertüre langsam in den Teig fließen lassen. Die gemahlenen Nüsse mit Mehl, Kakao und Lebkuchengewürz mischen, in den Teig geben und alles kurz auf mittlerer Stufe verrühren. Den Teig in die Form füllen, glatt streichen und 30–40 Minuten im heißen Ofen backen. Stäbchenprobe machen!

Den Kuchen anschließend in der Form auskühlen lassen, dann herausnehmen und mit einem Tortenmesser in Rauten schneiden.

UNSER TIPP:

Die geschnittenen Kuchenstückchen bleiben in einem Pralinentütchen verpackt einige Tage frisch und sind ein tolles Mitbringsel zur Weihnachtsfeier.

FÜR
LENI
HO HO HO

Weihnachtskarten

aus Kraftpapier

Ihr benötigt:

- Klappkarten aus Kraftpapier
- Bleistift
- Nadel
- Jutegarn und goldenes Garn
- Perlen in verschiedenen Farben
- Kleber
- Stempel (nach Belieben)

So wird's gemacht:

1. Auf die Karten dünn mit einem Bleistift eine Tannenbaumform zeichnen, die als Hilfslinie für die benötigten Markierungspunkte dient. Unser Tannenbaum ist 8 cm breit und bis zum Stern 11 cm hoch.

2. Dann jeweils links und rechts im Abstand von 1,5 cm 7 Punkte für die Löcher markieren. Die Spitze besteht aus 8 Löchern, die eine Sternform ergeben.

3. Die Bleistiftpunkte mit einer Nadel durchstechen.

4. Das Jutegarn auf die Nadel ziehen und von hinten nach vorne durch das erste Loch fädeln. Auf der Rückseite etwas Faden hängen lassen, damit man ihn später verknoten kann.

5. Die Perlen aufziehen und mit der Nadel von vorne nach hinten durch das gegenüberliegende Loch stechen. Dadurch entsteht die erste Tannenbaumlinie. So weiterverfahren, dabei am besten jedes Mal unterschiedlich viele Perlen auffädeln.

6. Wenn die letzte Linie genäht ist, die Garnenden auf der Rückseite verknoten.

7. Für den Stern das goldene Garn auf die Nadel ziehen und von links nach rechts, von rechts nach oben links, von oben links nach unten rechts, von unten rechts nach unten links, von unten links nach oben rechts, von oben rechts nach unten in der Mitte und von unten in der Mitte nach oben in die Mitte stechen. Hinten wieder verknoten.

8. Die Karte innen zusammenkleben und vorne nach Belieben bestempeln.

Glück entsteht
durch Aufmerksamkeiten
in kleinen Dingen.

Hefestern

Für 1 Stern

Für den Teig:
½ Würfel frische Hefe (ca. 21 g)
60 g kalte Butter
500 g Weizenmehl (Type 550)
80 g Zucker
1 Ei
250 ml Milch

Für die Füllung:
150 g Honig-Salz-Mandeln
1 TL Zimtpulver
100 g Rohrzucker
100 g weiche Butter

Außerdem:
Mehl zum Arbeiten
1 Eigelb
3 EL Milch
Puderzucker zum Bestäuben

Für den Teig die Hefe in ein Schälchen bröseln, mit 2 EL Wasser glatt rühren und 10 Minuten ruhen lassen. Die kalte Butter klein würfeln. Mehl, Zucker, aufgelöste Hefe, Butter, Ei und Milch mit dem Knethaken der Küchenmaschine zu einem geschmeidigen, glänzenden Teig verkneten und mindestens 1 Stunde abgedeckt gehen lassen.

Für die Füllung die Mandeln in einem Mixer oder Blender fein mahlen und mit Zimt und Rohrzucker mischen. Nach und nach die Butter zugeben und alles zu einer feinen, cremigen Masse mixen.

Ein Backblech mit Backpapier auslegen. Den Hefeteig erneut durchkneten, in drei gleich schwere Portionen teilen und diese auf der bemehlten Arbeitsfläche zu Kreisen (ca. 25 cm ø) ausrollen. Davon zwei Kreise mit der Füllung bestreichen und aufeinanderlegen. Den dritten Kreis ohne Füllung als Deckel obenauf legen.

Ein kleines Glas oder Schälchen in die Mitte des Kreises stellen und mit einem Messer oder einem Pizzaroller den Teigkreis so einschneiden, dass 16 gleich breite Teigstreifen entstehen, die in der Mitte zusammenhalten. Nun immer zwei Teigstreifen ineinander verdrehen und die Enden fest zusammendrücken, sodass ein Stern entsteht.

Eigelb und Milch mit einer Gabel verquirlen und den Hefestern damit einstreichen. Den Hefestern 15 Minuten an einem warmen Ort gehen lassen. Inzwischen den Backofen auf 180 °C Umluft vorheizen. Den Hefestern auf das Blech legen und in 25–35 Minuten im heißen Ofen goldbraun backen. Abkühlen lassen und mit Puderzucker bestäuben.

AUCH LECKER:
Anstelle der Mandeln könnt ihr auch andere Nüsse, Kürbiskerne oder Pistazien nehmen.

Heidelbeer-Crumble

mit Vanilleeis

Für 1 Auflaufform (ca. 30 cm ø)

Für die Streusel:
150 g Butter
130 g Zucker
½ TL Zimtpulver
300 g Dinkelmehl (Type 630)

Für die Beeren:
500 g Heidelbeeren (TK)
20 g Mehl
30 g Zucker
1 Pck. Vanillezucker

Außerdem:
Butter für die Form
Vanilleeis zum Servieren

Für die Streusel Butter, Zucker und Zimt in einem kleinen Topf bei geringer Hitze schmelzen lassen. Mehl zugeben und mit einem Kochlöffel untermischen. Den Topf vom Herd nehmen und die Streuselmasse etwas abkühlen lassen.

Den Backofen auf 180 °C Umluft vorheizen und eine Auflaufform ausbuttern. Die gefrorenen Heidelbeeren mit Mehl, Zucker und Vanillezucker vermischen und in die Auflaufform geben. Die Butterstreusel über die Heidelbeermischung streuen und den Crumble 30–40 Minuten im heißen Ofen backen, bis die Streusel goldbraun sind.

Den Crumble etwas abkühlen lassen, auf Teller verteilen und mit einer Kugel Eis dekoriert am besten noch lauwarm servieren.

AUCH LECKER:
Die Heidelbeeren könnt ihr auch durch Kirschen, Himbeeren oder eine Beerenmischung ersetzen.

Tannenbaum-Serviettenringe

Ihr benötigt:

- Toilettenpapierrollen
- Acrylfarbe in verschiedenen Grün- und Rot- oder Rosatönen
- je 1 dicken und dünnen Pinsel
- Bleistift
- Schere

So wird's gemacht:

1. Die Papierrollen mit den verschiedenen Grüntönen und dem dickeren Pinsel innen und außen bemalen. Gut trocknen lassen.

2. Auf die Rollen mit Bleistift die Form von einem Tannenbaum aufzeichnen. Dabei unten einen 5 mm breiten Rand lassen, der für Stabilität sorgt, falls man die Tannen aufstellen möchte. Wer weniger geübt im freihändigen Zeichnen ist, kann unsere Vorlage (s. S. 139) verwenden.

3. Mit der Schere die Bäume ausschneiden.

4. Mit dem dünnen Pinsel kleine Pünktchen in Rot oder Rosa auf die Tannenbäume malen. Trocknen lassen und die Servietten durchstecken.

Mini-Windbeutel

mit Sahne und Sauerkirschkonfitüre

Für ca. 20 Stück

Für den Brandteig:
25 g Butter
1 Prise Salz
100 g Weizenmehl (Type 550)
3 Eier

Für die Füllung:
400 ml Sahne
2 EL Puderzucker
2 Pck. Sahnesteif
ca. 200 g Sauerkirschkonfitüre

Außerdem:
Puderzucker zum Bestäuben

Für den Brandteig 150 ml Wasser in einen Topf geben und mit Butter und Salz zum Kochen bringen. Das Mehl auf einmal in den Topf geben und bei geringer Hitze mit einem Kochlöffel den Teig so lange rühren, bis am Boden eine weiße Schicht entsteht. Den Brandteig in eine Schüssel geben, etwas auseinanderpflücken und ca. 5 Minuten abkühlen lassen.

Den Backofen auf 180 °C Umluft vorheizen und ein Backblech mit Backpapier auslegen. Die Eier einzeln in den Teig geben und mit dem Handrührgerät vollständig unterrühren, bevor das nächste Ei zugegeben wird. Den Brandteig in einen Spritzbeutel mit großer Tülle (ca. 1 cm ø) füllen und in Häufchen auf das Blech spritzen. Die Windbeutel im heißen Ofen in ca. 20 Minuten goldbraun backen. Dabei den Backofen zwischendurch nicht öffnen, damit die Windbeutel nicht zusammenfallen. Anschließend auskühlen lassen und mit einem scharfen Messer aufschneiden.

Für die Füllung Sahne mit Puderzucker und Sahnesteif steif schlagen und mit Sauerkirschkonfitüre in die aufgeschnittenen Windbeutel füllen. Mit Puderzucker bestäubt servieren.

UNSER TIPP:
Die Windbeutel am besten immer erst kurz vor dem Servieren füllen, dann bleiben sie schön knusprig.

Schmalzgebäck

Für 30-40 Stück (je nach Größe)

15 g frische Hefe

30 ml lauwarmes Wasser

510 g Weizenmehl (Type 550)

55 g Zucker

1 TL Salz

180 ml lauwarme Milch

70 g Butter

2 Eier (M)

Außerdem:

Mehl zum Arbeiten

geriffeltes Teigrädchen

1 kg ungehärtetes Kokosfett zum Frittieren

Zimtzucker oder Puderzucker zum Bestäuben

Die Hefe in ein kleines Schälchen bröseln und mit dem Wasser, 1 EL Mehl und 1 Prise Zucker verrühren, bis sie sich aufgelöst hat. Das restliche Mehl in eine Schüssel sieben, eine Mulde formen und die aufgelöste Hefe hineingeben. Die Schüssel abdecken und den Vorteig an einem warmen Ort ca. 20 Minuten ruhen lassen. Dann Zucker, Salz und Milch zugeben und alles gut verrühren.

Die Butter zerlassen. Eier und die flüssige, leicht abgekühlte Butter zum Teig geben und kräftig unterkneten. Den Teig erneut ca. 30 Minuten abgedeckt gehen lassen. Anschließend den Teig mit den Händen durchkneten und auf der leicht bemehlten Arbeitsfläche ca. 1,5 cm dick ausrollen. Mit dem Teigrädchen in kleine Rauten schneiden und erneut ca. 15 Minuten gehen lassen.

Das Fett in einem hohen Topf oder einer Fritteuse erhitzen und die Rauten darin hellbraun ausbacken. Schmalzgebäck noch heiß in Zimtzucker wälzen oder mit Puderzucker bestäuben.

GUT ZU WISSEN:

Beim Ausrollen des Teigs solltet ihr darauf achten, möglichst wenig Mehl zu verwenden, da dies beim Frittieren im Topf verbrennt und kleine schwarze Körnchen auf dem Schmalzgebäck hinterlässt.

Mini-Apfelstrudel

Für 4 größere oder 6 kleine Strudel

500 g Äpfel (geschält und entkernt gewogen)

1 Bio-Zitrone

50 g Mandelstifte

50 g Rohrzucker

½ TL Zimtpulver

50 g gemahlene Haselnusskerne

1 Rolle frischer veganer Blätterteig (aus dem Kühlregal; ca. 270 g)

Außerdem:
Pizzaroller

Puderzucker zum Bestäuben

Die Äpfel grob raspeln. Die Zitrone heiß waschen und trocknen. Die Schale fein abreiben und den Saft auspressen. Mandelstifte, Zucker und Zimt in einer Schüssel mischen. Zitronenschale, Zitronensaft, Haselnüsse und Äpfel zugeben, alles gut durchmischen und 15 Minuten ziehen lassen.

Den Backofen auf 170 °C Umluft vorheizen und ein Backblech mit Backpapier auslegen.

Den Blätterteig auspacken und quer auf die Arbeitsfläche legen. Für kleine Strudel den Teig senkrecht in sechs Streifen schneiden. Für größere Strudel den Teig senkrecht in vier Streifen schneiden. Die Apfelfüllung auf das obere Drittel eines Streifens geben. Mit einem Pizzaroller die unteren zwei Drittel des Teigstreifens senkrecht in viele schmale Streifen schneiden. Die langen Seiten oben etwas über die Apfelfüllung klappen und den Teig dann vorsichtig von oben nach unten aufrollen.

Die Apfelstrudel leicht gebogen auf das Blech setzen und im heißen Ofen in 25–35 Minuten (je nach Größe) goldbraun backen. Anschließend mit Puderzucker bestäuben.

UNSER TIPP:
Unsere Mini-Apfelstrudel sind vegan und schmecken am besten lauwarm mit einer Kugel Vanilleeis oder warmem Zwetschgenkompott.

Engel-Mobile

Ihr benötigt:

- Natur-Holzperlen (äußerer Kreis: ca. 120 Stück, innerer Kreis: ca. 40 Stück)
- dicken Draht für die zwei Kreise (ca. 150 cm lang)
- gemischte bunte Holzperlen (ca. 15 Stück)
- Pfeifenputzer in Gold (als Aufhängung)
- 6 Stücke Seidenpapier in 6 verschiedenen Farben für die 3 Engel (à 14 x 21 cm & 11 x 18 cm; 9,5 x 18 cm & 15 x 22 cm; 8,5 x 19 cm & 11,5 x 25 cm)
- dünnen Draht in Rosa für die Engel (ca. 100 cm lang)
- 1 Rolle gold-pinke Alu-Bastelfolie für die Sterne (50 cm breit)
- Garn
- Nadel
- kleine Schere
- Klebstoff

So wird's gemacht:

1. Für den äußeren Kreis Natur-Holzperlen auf einen ca. 85 cm langen Draht auffädeln. Die Enden verdrehen, sodass ein Kreis entsteht. Für den inneren Kreis Holzperlen und die bunten Perlen auf einen ca. 60 cm langen Draht auffädeln. Die Enden wieder verdrehen.

2. Beide Kreise mit dem Pfeifenputzer verbinden, der als Aufhängung dient.

3. Für die drei Engel jeweils zwei verschieden große Papiere mit ca. 1,5 cm breitem Abstand wie eine Ziehharmonika falten. Beide gefalteten Papiere genau in der Mitte knicken und das kleinere über das größere legen, sodass ein Engel entsteht. Den dünnen Draht vorsichtig um den „Kopf" wickeln und den Engel mit dem Draht am äußeren Ring befestigen. Die anderen zwei Engel ebenso zusammensetzen und am äußeren bzw. inneren Ring befestigen.

4. Mit Bleistift mehrere 2,5–6 cm große Sterne frei aus der Hand auf der Alu-Bastelfolie aufzeichnen und ausschneiden.

5. Mit einer Nadel jeweils mittig zwei kleine Löcher durchstechen. Einen 40 und einen 20 cm langen Faden abschneiden. Den längeren Faden mit der Nadel auffädeln und darauf mehrere Sterne aufziehen. Mit dem kürzeren Faden ebenso verfahren. Beide Fäden an den äußeren Ring knoten.

6. Für den großen Stern einen 50 cm langen und 9 cm breiten Streifen aus dem Metallpapier schneiden. Diesen Streifen quer wie eine Ziehharmonika zu einem ca. 1,5 cm breiten Streifen falten (s. S. 118).

7. Mit der kleinen Schere seitlich Zacken, Streifen und Dreiecke einschneiden, sodass ein Muster entsteht. An einem Ende das gefaltete Stück diagonal abschneiden.

8. Mit dem Klebstoff ein doppelt gelegtes Garn für die Aufhängung oben befestigen, die beiden Stern-Enden zusammenfügen, festkleben und trocknen lassen.

9. Den Stern mittig in den kleineren Holzperlenkreis legen und am oberen Ende anknoten.

Max

Selbst gemachte Geschenke

aus Küche und Bastelstube

Apfel-Mandel-Granola

mit Buchweizen

Für 2 Schraubgläser (à je 400 ml)

60 ml Sonnenblumenöl

130 g flüssiger Honig

400 g Haferflocken (Großblatt)

150 g ganzer Buchweizen

40 g Mandelstifte

100 g Mandelblättchen

1 TL Zimtpulver

2 Prisen Salz

70 g Apfelchips

Sonnenblumenöl und Honig in einer Schüssel vermischen. Sollte der Honig zu fest ein, die Mischung kurz erwärmen und mit dem Schneebesen verquirlen.

Den Backofen auf 180 °C Ober-/Unterhitze vorheizen und ein Backblech mit Backpapier auslegen. Alle Zutaten bis auf die Apfelchips zur Honig-Öl-Mischung geben und gut untermengen. Granola gleichmäßig auf dem Blech verteilen und ca. 10 Minuten im heißen Ofen backen. Dann durchmischen und weitere 5 Minuten backen. So fortfahren, bis die Müslimischung knusprig und von allen Seiten gleichmäßig gebräunt ist. Das dauert insgesamt 20–30 Minuten.

Granola auf einen großen Teller geben und abkühlen lassen. Die Apfelchips mit den Fingern zerbröseln, unter die Müslimischung mengen und alles in zwei Schraubgläser füllen.

UNSER TIPP:
Granola während des Backens nicht alleine lassen – am besten einfach vor den Ofen setzen, um sicherzugehen, dass nichts anbrennt.

Vanille-Schneemandeln

Für 1 großes Schraubglas (à 400 ml)

60 g weiße Kuvertüre

200 g blanchierte ganze Mandeln

150 g Puderzucker

1 Prise Salz

1 Msp. gemahlene Vanille

Die Kuvertüre grob hacken und in einer Schüssel über dem heißen Wasserbad schmelzen. Die Mandeln zugeben und gut mit der flüssigen Kuvertüre mischen.

Puderzucker, Salz und Vanille in eine große verschließbare Dose geben und mit einem Löffel vermischen. Die mit Kuvertüre überzogenen Mandeln zugeben, die Dose verschließen und gut schütteln. Die Mandeln auf einen Bogen Backpapier geben, etwas auseinanderpflücken und trocknen lassen. Überschüssigen Puderzucker abschütteln und die Mandeln in ein sauberes Schraubglas füllen.

AUCH LECKER:

Ihr könnt die weiße Kuvertüre auch durch Zartbitterschokolade ersetzen oder anstelle der Mandeln Cashewkerne nehmen.

Geschenkanhänger

Ihr benötigt:

- DIN-A4-Papier oder DIN-A4-Transparentpapier für die Motivvorlage
- 1 Bogen Korkpapier
- weißen Lackstift
- Nadel
- Jutegarn
- einige kleine Filzkugeln (ersatzweise Holzperlen)
- Seidenpapier (je nach Größe der Geschenke)
- Masking Tape

So wird's gemacht:

1. Verschiedene Motive wie Handschuhe, Mütze, Schal, Pullover oder Haus auf das Blatt Papier zeichnen und ausschneiden oder direkt auf das Korkpapier zeichnen. Alternativ kannst du die Motivvorlagen (s. S. 138) nutzen, auf Transparentpapier abpausen und ebenfalls ausschneiden.

2. Die ausgeschnittenen Vorlagen auf das Korkpapier legen und mit dem Lackstift umranden. Dann so ausschneiden, dass die weißen Linien noch zu sehen sind.

3. Mit dem Lackstift Namen, Wünsche, Grüße etc. sowie kleine Punkte und Sterne auf die Anhänger zeichnen.

4. Mit der Nadel ein Loch durch die Anhänger stechen und das Jutegarn durchziehen. Dann nach Belieben je 1–3 Filzkugeln auffädeln und am Ende des Garns dekorativ baumeln lassen.

5. Die Geschenke mit Seidenpapier einpacken, mit Masking Tape verschließen und mit den Anhängern dekorieren.

FROHE WEIHNACHTEN
Für Cleo
Martha
Merry Christmas
OMA
Fröhliche Weihnachten Paul

Brezelkränze

mit Schokolade und Streuseln

Für 5 Stück

170 g Zartbitterkuvertüre

100 g Salzbrezeln

Außerdem:
bunte Zuckerstreusel

Die Kuvertüre grob hacken und in einer Schüssel über dem heißen Wasserbad schmelzen. Auf einem Bogen Backpapier 5 Salzbrezeln zu einem Kreis legen. Dann 5 weitere Brezeln mit der unteren Hälfte in die flüssige Kuvertüre tauchen und so auf den Brezelkreis legen, dass ein runder Kranz entsteht.

Den Brezelkranz sofort mit bunten Streuseln bestreuen und die Kuvertüre aushärten lassen. Mit den restlichen Brezeln ebenso verfahren.

UNSER TIPP:
Für kleinere Kinder eigenen sich Brezeln ohne Aufstreusalz.

Kakao

mit Marshmallow-Eisbären

Für ca. 4 Tassen

Für die Eisbären:
Marshmallows in verschiedenen Größen (6 cm, 3 cm und 0,5 cm ø)

Zuckeraugen

Schokodrops

Für den Kakao:
500 ml Milch

100 ml Sahne

25 g Kakao

25 g Puderzucker

Die großen Marshmallows mit einer Schere quer halbieren, sodass sie etwas flacher werden. Die Schnauze und Ohren mit etwas Wasser an das Gesicht kleben. Die Zuckeraugen und Schokodrops ebenfalls mit etwas Wasser auf der Unterseite anfeuchten und aufkleben. Die Eisbären ca. 1 Sunde trocknen lassen.

Für den Kakao alle Zutaten in einem Topf mit dem Schneebesen verrühren und langsam erwärmen, aber nicht aufkochen. Den Kakao in die Tassen füllen und die Marshmallow-Eisbären langsam darin schmelzen lassen.

UNSER TIPP:
Einzeln verpackt eignen sich die süßen Eisbären auch wunderbar als Geschenk.

OMA

Mandarinensirup & Maracujasirup

Für 2 Flaschen (à 1 l)

Für den Mandarinensirup:
1 l Mandarinensaft

400 g Zucker

3 Sternanis

1 Vanilleschote, aufgeschlitzt

Für den Maracujasirup:
1 l Maracujasaft

200 g Zucker

30 g Ingwer, geschält und in Scheiben geschnitten

Für beide Sirupe jeweils Saft, Zucker und Gewürze bzw. Ingwer in einem großen Topf mischen und unter Rühren aufkochen. Vorsicht, das könnte schäumen! Alles ca. 30 Minuten bei geringer Hitze sieden lassen, bis ein dickflüssiger Sirup entstanden ist. Den Sirup jeweils mit den Gewürzen in eine saubere Flasche mit Schraubverschluss füllen, abkühlen lassen und anschließend gut verschlossen im Kühlschrank aufbewahren.

GUT ZU WISSEN:
Für 1 l Mandarinensaft braucht ihr 12–15 Mandarinen, wenn ihr ihn frisch pressen möchtet. Wir haben den Maracujasaft mit 25 % Fruchtgehalt im Supermarkt gekauft, deshalb müssen wir diesem Sirup weniger Zucker zufügen, da er schon im Saft enthalten ist.

Gesprenkelte Papiersterne

Ihr benötigt:

- mehrere Bögen Transparentpapier in DIN-A4
- Unterlage, die schmutzig werden darf
- kleinen Pinsel
- Becher mit Wasser
- Tuschkasten
- Schere
- doppelseitiges Klebeband von der Rolle
- Nadel (ersatzweise kleine Lochzange)
- Faden und/oder Pfeifenputzer (Farbe nach Wunsch)

So wird's gemacht:

1. Das Transparentpapier nebeneinander auf der Unterlage auslegen.

2. Den Pinsel in Wasser tunken, damit Farbe aus dem Tuschkasten aufnehmen und diese auf das Papier spritzen. Diesen Vorgang nach Belieben wiederholen.

3. Sobald die Farbe getrocknet ist, das Transparentpapier zuschneiden: Für einen kleinen Stern benötigt man 2 Papiere à ca. 10,5 x 14,5 cm. Für einen großen Stern benötigt man 2 Papiere à ca. 14,5 x 21 cm.

4. Die zugeschnittenen Papiere von der kürzeren Papierseite aus wie eine Ziehharmonika zusammenfalten, sodass die gefalteten Papiere für einen kleinen Stern ca. 0,9 cm und die für einen großen Stern ca. 1,3 cm breit sind.

5. Die zusammengefalteten Papiere einmal mittig falten und die offenen Seiten mit einem länglichen, dünnen Stück doppelseitigem Klebeband zusammenkleben. Dann beide Papiere ebenfalls mit doppelseitigem Klebeband verbinden, sodass ein Stern entsteht. Pro Stern müssen also vier Seiten zusammengeklebt werden.

6. Um die Sterne aufzuhängen, mit der Nadel (oder einer kleinen Lochzange) ein Loch in den oberen Teil des Sterns stechen. Dabei nicht zu nah an den Rand kommen, damit das Papier nicht reißt. Dann einen Faden oder ein kleines Stück eines Pfeifenputzers durchziehen.

Fudge

mit gesalzenen Pekannüssen

Für 20-25 Würfel

300 g weiße Kuvertüre

115 g Zucker

1 Pck. Vanillezucker

30 g Butter

400 g gezuckerte Kondensmilch

100 g gesalzene Pekannusskerne, gehackt

Außerdem:
5 Pekannusskerne, gehackt, zum Bestreuen

Die weiße Kuvertüre grob hacken. Zucker und Vanillezucker in einen Topf oder eine Pfanne geben und bei niedriger Hitze ohne Rühren langsam schmelzen lassen. Vorsicht, der Zucker kann sehr schnell anbrennen.

Die Butter zum geschmolzenen Zucker geben und mit einem Schneebesen unterrühren. Dann die Kondensmilch zugießen und so lange rühren, bis keine Klümpchen mehr zu sehen sind. Den Herd ausschalten und die gehackte Kuvertüre im heißen Karamell unter Rühren auflösen, bis eine cremige Masse entstanden ist. Die gehackten Pekannüsse untermengen.

Fudge in eine mit Backpapier ausgelegte Auflaufform (ca. 35 x 25 cm) geben, mit den gehackten Nüssen bestreuen und bei Zimmertemperatur fest werden lassen. Anschließend mit einem scharfen Messer in kleine Würfel schneiden.

AUCH LECKER:
Das Fudge schmeckt genauso wunderbar mit gesalzenen Erdnüssen, Cashewkernen oder Mandeln.

Blondie

mit Erdnussbutter-Swirl

Für 1 quadratische Backform (ca. 20 cm)

Für den Swirl:
100 g weiche Butter
150 g gesalzene Erdnusskerne
100 g Rohrzucker

Für den Teig:
130 g weiße Kuvertüre
250 g weiche Butter
200 g Zucker
2 Eier
320 g Dinkelmehl (Type 630)
1 TL Backpulver
½ TL Salz

Außerdem:
etwas Fleur de Sel

Den Backofen auf 180 °C Umluft vorheizen und die quadratische Backform mit Backpapier auskleiden.

Für den Swirl die sehr weiche, aber nicht flüssige Butter mit Nüssen und Zucker im Mixer oder Blender zu einer cremigen Masse pürieren.

Für den Teig die Kuvertüre grob hacken und in einer Schüssel über dem heißen Wasserbad schmelzen. Die flüssige Kuvertüre kurz abkühlen lassen. Butter und Zucker schaumig schlagen. Nach und nach die beiden Eier und die flüssige Kuvertüre unterrühren.

Mehl, Backpulver und Salz vermengen und unter die Eiermasse mischen. Den Teig in die Backform füllen und glatt streichen. Mit einem Löffel die Erdnussbutter auf den Teig klecksen und in kreisförmigen Bewegungen einarbeiten, sodass ein wildes Muster entsteht. Den Blondie im heißen Ofen in 35–40 Minuten goldbraun backen. Stäbchenprobe machen!

Zum Schluss etwas Fleur de Sel darüberstreuen.

SO GEHT'S EINFACHER:

Damit das Backpapier gut in die quadratische Form passt, könnt ihr es vorher einmal zusammenknüllen und unter fließendes Wasser halten. So wird es ganz weich und die Form lässt sich damit einfach auskleiden.

Nussecken

mit Cashewkernen und Hagebuttenmarmelade

Für 1 rechteckige Tarteform (ca. 35 x 13 cm)

Für die Nussmasse:
200 g Cashewkerne
100 g Butter
90 g Zucker

Für den Mürbeteig:
65 g kalte Butter
150 g Dinkelmehl (Type 630)
½ TL Backpulver
75 g Zucker
1 Ei

Außerdem:
Butter für die Form
Mehl zum Arbeiten
2 EL Hagebuttenmarmelade
100 g weiße Kuvertüre

Für die Nussmasse 100 g Cashewkerne grob hacken, die restlichen Cashews im Mixer oder Blender fein mahlen. Butter und Zucker mit 2 EL Wasser in einem Topf bei niedriger Hitze schmelzen. Die gemahlenen und gehackten Cashews untermengen. Die Nussmasse beiseitestellen und abkühlen lassen.

Den Backofen auf 160 °C Umluft vorheizen und die Tarteform ausbuttern. Für den Mürbeteig die kalte Butter klein würfeln. Alle Zutaten in eine Schüssel geben und mit den Händen rasch zu einem glatten Teig verkneten. Den Teig auf der leicht bemehlten Arbeitsfläche ausrollen und die Form damit auskleiden. Dabei einen kleinen Rand hochziehen. Den Teig mit Hagebuttenmarmelade bestreichen.

Die Nussmasse mit einem Löffel auf die Marmelade klecksen und glatt streichen, sodass die Marmelade vollständig bedeckt ist. Die Nussecken im heißen Ofen 25–30 Minuten backen. Aufpassen, dass die Cashews nicht zu dunkel werden.

Die Nussecken anschließend in Dreiecke schneiden. Die weiße Kuvertüre grob hacken und über dem heißen Wasserbad schmelzen. Dann in einen Spritzbeutel mit kleiner Lochtülle (2–3 mm ø) füllen und die Nussecken damit verzieren.

AUCH LECKER:
Die Nussecken schmecken auch ganz klassisch mit Haselnüssen und Aprikosenmarmelade.

Orangen-Windlichter

Ihr benötigt:

- 5 Orangen in unterschiedlichen Größen
- scharfes, kleines Küchenmesser
- Löffel
- Ausstecher in Sternform (in zwei verschiedenen Größen)
- ca. 50 Nelken
- 5 Teelichter

So wird's gemacht:

1. Die obere Hälfte oder das obere Drittel der Orangen gerade abschneiden.
2. Das Fruchtfleisch mit dem Messer und dem Löffel aus den Orangen lösen. Dieses wird nicht mehr benötigt und kann verzehrt werden.
3. Die Ausstecher mittig auf die Deckel setzen und daraus Sterne ausstechen.
4. Die Orangen nach Belieben mit den Nelken spicken und je 1 Teelicht hineinsetzen. Die ausgestochenen Deckel wieder obenauf legen.

GUT ZU WISSEN:

Die Orangen-Windlichter halten ca. 1 Woche.

Kürbis-Dattel-Stangen

Für ca. 20 Stück (je nach Größe)

300 g weiche Medjool-Datteln (entsteint)

30 g zimmerwarmes Kokosöl

10 g Kakao

1 EL Tahin mit Meersalz

1 TL Vanillepaste

1 Prise Salz

120 g Kürbiskerne

80 g Haferflocken (Großblatt)

Datteln klein schneiden und mit dem weichen Kokosöl im Mixer grob zerkleinern. Kakao zugeben und so lange weitermixen, bis eine cremige Konsistenz entsteht. Tahin, Vanillepaste, Salz, Kürbiskerne und Haferflocken zufügen und mit einem Esslöffel oder den Händen gut untermischen.

Die Dattelmasse zu einer Kugel formen und zwischen zwei Lagen Frischhaltefolie ca. 1 cm dick ausrollen. Die Folie entfernen und die Dattelmasse mit einem scharfen Messer in kleine Rechtecke oder Würfel schneiden.

GUT ZU WISSEN:

Das Kokosöl sollte auf keinen Fall flüssig sein, sonst gerinnt die Masse! In einer verschlossenen Dose aufbewahrt halten sich die Kürbis-Dattel-Stangen im Kühlschrank 2-3 Wochen.

Schokoladen-Goji-Lollis

Für ca. 10 Stück

200 g Vollmilchschokolade

Außerdem:
2 EL getrocknete Goji-Beeren

2 EL getrocknete Himbeeren

2 EL gehackte Pistazienkerne

Außerdem:
ca. 10 Lolli-Stiele aus Papier

Die Schokolade grob hacken und in einer Schüssel über dem heißen Wasserbad schmelzen. Ein Blech mit Backpapier auslegen. Mit einem Löffel ca. 4 cm große Schokoladenkleckse auf das Backpapier geben, dann sofort einen Lolli-Stiel bis zur Mitte hineinlegen. Die Schokoladenlollis mit getrockneten Beeren und gehackten Pistazien bestreuen und fest werden lassen.

AUCH LECKER:
Diese schnell gemachten Lollis lassen sich in vielen Varianten zubereiten: mit dunkler oder weißer Schokolade, mit Nüssen, Saaten, verschiedenen Gewürzen oder bunten Zuckerstreuseln.

Spekulatius-Brotaufstrich

Für 2 kleine Schraubgläser (à je 150 ml)

100 g Butter-Spekulatius

80 g weiche Butter

100 g zimmerwarme gezuckerte Kondensmilch

1 TL Spekulatiusgewürz

Die Spekulatius in einem Mixer oder Blender fein mahlen und in eine Schüssel füllen. Die weiche, aber nicht flüssige Butter mit der Kondensmilch verrühren und zu den gemahlenen Keksen geben. Spekulatiusgewürz zufügen und alles gut vermischen. Den Brotaufstrich in ein sauberes Schraubglas füllen und im Kühlschrank aufbewahren.

Der Aufstrich hält sich im Kühlschrank ca. 1 Woche.

GUT ZU WISSEN:

Damit sich alles zu einem supercremigen Brotaufstrich verbindet, sollten alle Zutaten die gleiche Temperatur haben. Die süßen Brötchen auf dem Foto sind aus dem Teig der Hefeschnecken (s. S. 43) gebacken.

Weihnachtsmann-Anhänger

Ihr benötigt:

- 1 kleine Packung lufttrocknende Modelliermasse
- Schaschlikspieß
- schwarzen Lackstift
- je 1 kleine Tube Acrylfarbe in Rot und Rosa
- Pinsel
- weißes Jutegarn

So wird's gemacht:

1. Ein kleines Stück Modelliermasse in die Hände nehmen, gut durchkneten, bis es weich und geschmeidig ist, und zu einer Kugel formen. Die Kugel zu einem Oval oder einer Kreisform flach drücken. Diesen Schritt insgesamt fünfmal wiederholen, sodass fünf verschiedene runde Formen entstehen, die nicht größer als 5 x 8 cm sind.

2. Aus der Modelliermasse eine dünne Schlange kneten und diese in je fünf kürzere und längere Stücke teilen, die die Nasen und den unteren Abschluss der Mützen bilden sollen. Die „Nasen" und „Mützenränder" mit zuvor in Wasser getauchten Fingern leicht befeuchten und „aufkleben". Sobald Unebenheiten entstehen, lassen sich diese mithilfe der Finger und etwas Wasser ausbessern.

3. Für den Bommel an der Mütze erbsengroße Kugeln formen und ebenfalls mit etwas Wasser „aufkleben".

4. Dann mit einem Schaschlikspieß ein Loch durch die Kugel stechen. Das Loch dient später zur Aufhängung. Mit dem Spieß kann man zusätzlich kleine Punkte in den Bart piksen und/oder kleine Striche ziehen.

5. Die Anhänger mindestens 1 Tag, noch besser 2 Tage, durchtrocknen lassen, damit die Farbe gut aufgetragen werden kann.

6. Mit dem Lackstift je zwei kleine Punkte für die Augen auf den Weihnachtsmann-Anhänger aufmalen.

7. Mit der roten Acrylfarbe die Mützen mit einem Pinsel anmalen, dabei die weißen Krempen aussparen.

8. Mit der rosa Acrylfarbe jeweils zwei kleine Bäckchen auf die Wangen malen.

9. Das Jutegarn durch die Löcher fädeln und zusammenknoten.

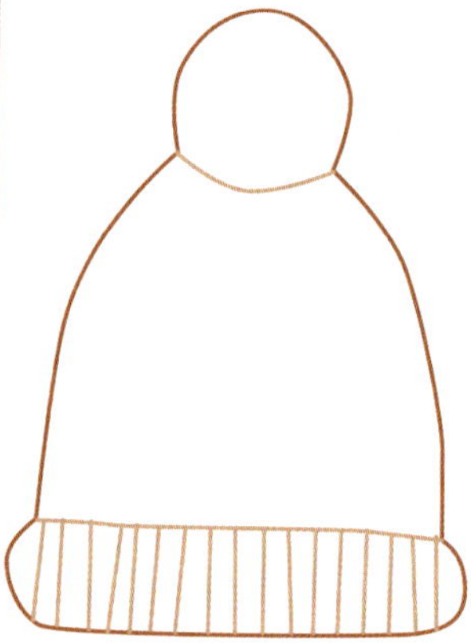

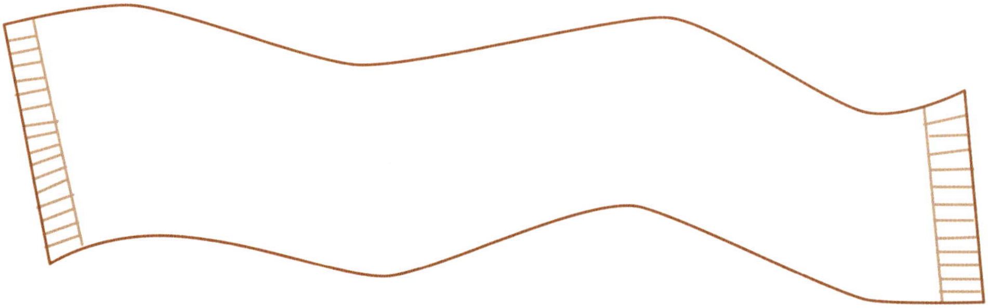

Pausvorlage für die Geschenkanhänger **(Seite 110)**

Stilvorlage (für ein DIN-A4-Format) für den Papierstern-Kranz (Seite 44)

Pausvorlage für die Tannenbaum-Serviettenringe (Seite 94)

Faltkanten

Schnittlinien

Hilfslinien

ANKA REHBOCK

Als freiberufliche Stylistin lebt und arbeitet Anka in Hamburg. In ihren Arrangements inszeniert sie allerlei Köstlichkeiten sowie die neuesten Einrichtungstrends für verschiedene Magazine im Food- und Interior-Bereich. Sie ist ständig auf der Suche nach besonderen Requisiten, die sie mit geometrischen Formen und spannenden Farbkombinationen in Szene setzt. Für ihre Inszenierungen bastelt sie mit Stift, Schere und Pinsel detailverliebte Objekte, die ihren Arbeiten eine unverkennbare Handschrift verleihen.

Manches Objekt landet in ihrem Lübecker Schrebergarten, wo sie am liebsten ihre Wochenenden mit Mann und Tochter verbringt. Ihre Gäste kommen gern zur Apfelernte und genießen nach getaner Arbeit ein selbst gebackenes Stück Kuchen auf ihrer Terrasse.

SILKE ZANDER

Nach fünf Jahren in London kehrte Silke mit einem abgeschlossenen Fotografie-Studium plus Mann zurück in die Hansestadt. Dort arbeitet sie für unterschiedliche Magazine und Kunden im Food- und Interior-Bereich. Von der stilvoll eingerichteten Villa bis zum Vanillekipferl fotografiert Silke alles mit ihrem besonderen Auge. Ihre Bilder sind eine schöne Mischung aus Klarheit und Emotion.

Wenn sie nicht in Hamburg auf der Alster paddelt oder im Viertel Pho-Suppe verspeist, verbringt sie ihre Zeit am liebsten mit ihrem Mann und ihrer Tochter in Südengland.

MILENA KRAIS

Milena zog einst nach Hamburg, um dort Produktdesign Textil zu studieren. Nach ihrem Diplom arbeitete sie als freischaffende Künstlerin mit verschiedenen Galerien und Museen zusammen. Außerdem ist sie Fachlehrerin für Handarbeit und Schneidern. Auf ihrem Food- und DIY-Blog und dem dazugehörigen Instagram-Kanal liefert sie täglich Inspirationen für nachhaltige, gesunde und köstliche Rezepte sowie Kreativideen für Familien. Manche veröffentlicht sie zudem in Blogzines, in Printmagazinen und im Fernsehen.

Milena lebt mit ihrer Familie in Hamburg Eppendorf, wo sie Freund:innen gerne mit feinen Kuchenexperimenten überrascht. Am liebsten fährt sie mit dem Lastenrad durch die Stadt oder erholt sich beim Kaiserschmarrnessen und Blumenkranzbinden in den Bergen.

MILENA DANKT VON GANZEM HERZEN:
Christian, meinem Mann, der nachts um halb eins noch einmal einen neuen Lebkuchenteig für mich angesetzt hat, unzählige Male mit dem Fahrrad kurz vor Ladenschluss Backzutaten eingekauft und täglich die zentimeterdicke Mehlschicht in unserer Küche beseitigt hat. Meiner Mama Karina, von der ich einfach alles zum Thema Backen gelernt habe, die hundertmal meine Rezepte Korrektur gelesen hat und die ich über alles in der Welt liebe. Danke an Omi Ingrid für deine Inspiration. Danke Franzi, Lisa, Claudia, Gundula und Viola für die vielen wertvollen Tipps und meinen beiden Töchtern, die ich über alles liebe. Ich danke Anka und Silke für die tolle, lustige und sehr gebäckreiche Zusammenarbeit. Ich durfte so viel von euch lernen und es hat mir wahnsinnig viel Spaß gemacht, im Hochsommer Weihnachten mit euch zu feiern.

ANKA DANKT VON GANZEM HERZEN:
Meinem Mann Thomas, der sich sehr gern zum Testessen angeboten hat, und meiner Tochter Ilvi, die voller Freude immer wieder ihre Hände ins Bild gehalten hat. Ich danke meinen Eltern, denn ohne sie könnte ich jetzt kein eigenes Back- und Bastelbuch in meinen Händen halten.
Und von ganzem Herzen danke ich Milena und Silke.

Wir danken dem Hölker Verlag, Mareike, Stefanie für die tolle Grafik und allen, die unser Projekt unterstützt haben.

MIX Papier | Fördert gute Waldnutzung FSC® C022120 www.fsc.org

Mineralöl freie Druckfarbe

5 4 3 2 1 27 26 25 24 23

ISBN 978-3-88117-292-9

in der Coppenrath Verlag GmbH & Co. KG
Hafenweg 30, 48155 Münster, Germany

www.hoelker-verlag.de

Rezepte: Milena Krais, www.milenakrais.de
Styling und Bastelanleitungen: Anka Rehbock, www.ankarehbock.de
Fotos: Silke Zander, www.silkezander.de
Gestaltung und Satz: Stefanie Wawer, www.stefaniewawer.de
Redaktion: Mareike Bartholomäus, www.hafentexterei.de
Lektorat: Christin Geweke
Herstellung: Dana Günther
Litho: FSM Premedia GmbH & Co. KG, Münster